마음이 흐르는 길목

김정애 지음

작가의 말

  2004년에 등단했으니 꽤 오랫동안 글을 써왔다. 길 떠나는 나그네처럼 내 마음이 흐르는 길목을 돌다가 잠시 멈춰 서서, 문득 떠오르는 감정과 생각을 정리하는 것이 내 글의 시작이다.
  이제 내 인생에도 땅거미가 드리워질 시간이다. 내가 걸어왔던 발자국은 시간의 빗자루가 쓸어버릴 것이고 머잖아 어둠 속에 묻혀버릴 것이다. 나의 글 또한 떨어진 낙엽처럼 굴러다니다가 사라지거나 혹은 세월의 쓰레기더미에 보태질 것이다.
  그럼에도 불구하고 세상을 살면서 느낀 것이든 생각한 것이든 글로 표현하는 행위는 나에게 기쁨을 준다. 글을 쓰는 순간은 행복하다. 그래서 나는 이 일을 계속하고 있다. 날마다 부질없는 것들을 내려놓으며 살아가지만 읽고 쓰는 재미는 아직 버리지 못했다. 그것마저 없다면 너무 쓸쓸할 것 같아서다. 틈틈이 써두었던 수필과 콩트, 그동안 《삼다일보》(前

《뉴제주일보》)에 발표했던 칼럼을 모아 산문집을 출간하게 되었다. 칠십 세를 맞은 내가 나에게 주는 선물이기도 하다. 매번 출간할 때마다 그러하듯 쑥스럽고 부끄러움은 여전하다.

2025년 여름
김정애

차례

작가의 말   2

제1부 〈수필 1〉
그리움이 머무는 곳

아이고, 내 쌀자루	10
소멸의 길목에서	15
세월도 흐르고 나도 흐르고	18
바당 싸움	22
돌담, 그리움이 머무는 곳	27
내 역사의 기록들	31
그때 그 여름엔	36

제2부 〈수필 2〉
인생이라는 파도타기

퇴적된 시간 앞에서	46
인생과 견생	50
버난지와 제주어	57
베란다의 기적	62
바늘과 말주머니	67
최고의 음식	72
디지털 시대의 라디오 듣기	76
동행	80
나무가 좋은 날에	85
꽃무릇을 바라보며	89

제3부 〈칼럼 1〉
창문 밖 세상에는

손안에 있는 세상	94
키오스크와 서빙로봇	97
진짜 사나이	100
엉물의 추억	104
엄근진을 아십니까?	108
야자수에 관한 기억	112
세상이라는 벽 그 어디라도 붙어서	116
부메랑	120
대취타 하랍신다	124
노블레스 노마드와 제주	128
갓생겟생	131

제4부 〈칼럼 2〉
소용돌이 속에서

행정체제는 꼭 개편해야 할까?　　　　　　136
함께 살아남기　　　　　　　　　　　　　140
평등의 덫　　　　　　　　　　　　　　　143
칼과 펜보다 강한 입　　　　　　　　　　147
저 바당은 메울 수 이서도　　　　　　　　150
이상하고 아름다운 도깨비나라　　　　　　154
불공정의 바다에서　　　　　　　　　　　157
소진과 장의　　　　　　　　　　　　　　160
디케 여신에게　　　　　　　　　　　　　164
대한민국은 아프다　　　　　　　　　　　167

제5부 〈꽁트〉
짧지만 긴 이야기

얻은 것과 잃은 것　　　　　　　　　　　172
아무나 하나?　　　　　　　　　　　　　180
버킷리스트　　　　　　　　　　　　　　190

제1부

〈수필 1〉

그리움이 머무는 곳

아이고, 내 쌀자루

　잡곡을 섞어서 먹다가 흰 쌀밥을 먹으려니 어쩐지 싱거운 듯 입에 붙지가 않습니다. 밥을 먹으면서 사람의 마음도 입맛도 참 간사하다는 생각을 해봅니다. 하얀 쌀밥을 원 없이 먹고 싶었던 시절도 있었건만 아무 때나 먹을 수도 없었던 쌀밥을 맛이 없다고 불평을 하고 있으니 말입니다.
　쌀이 귀해서 쌀밥은 곤밥이 되고 쌀로 빚은 떡은 곤떡으로 불렀던 시절. 제사가 끝나면 곤밥과 곤떡을 이웃에 돌려가며 나누어 먹던 기억이 납니다. 요즘은 제사 음식을 나눠 먹으려고 해도 안 먹으면 어쩌나 망설여지니 참으로 격세지감이 느껴집니다. 그래도 우리 마을에는 논이 있어서 제법 제사나 명절날, 소풍날 외에는 구경조차 못 했던 그 귀한 쌀밥을 먹을 수 있었습니다. 정미소에서 햅쌀을 도정하는 날은 근처에서 놀던 아이들이 정미소 앞에 줄을 서서 조금만 달라고 손을 내밀었습니다. 더러는 매몰차게 저리 가라고 내모는 어른도 있었지만 인심 좋은 어른들은 아이들에게 조금씩 쌀을 쥐어 주곤 했습니다. 갓 도정한 쌀을 입에 넣고 씹다 보면 입안에 맴도는 그 구수함은 지금은 느껴볼 수 없는 추억의 맛입니다.

그 시절. 나는 시내에서 자취를 하며 고등학교에 다니고 있었습니다. 차비를 아끼느라 매주 집에 갈 수도 없어서 한 달에 한 번쯤 집에 가서 반찬가지며 먹을 양식을 가져오곤 했습니다.

추수를 막 끝낸 가을 어느 날이었습니다. 토요일 오후에 집으로 갔더니 어머니는 정미소에서 갓 도정한 햅쌀을 한 달 양식이라며 싸주셨습니다.

이튿날 저녁.

한 시간을 기다려 겨우 버스를 타고 보니 이미 버스 안은 나처럼 보따리를 든 자취생들로 가득 차 있었습니다. 그 무렵 일요일 날 저녁 버스를 타고 보면 언제나 승객은 시골집에 왔다가 시내로 돌아가는 학생들이 대부분이었습니다.

"야, 학생. 안 들어갈래?"

험상궂게 생긴 차장이 눈을 부라리며 등짝을 미는 바람에 보따리를 미처 챙기지도 못하고 문 옆에 서 있다가 점점 안으로 떠밀려가게 되었습니다. 그 시절 남자 차장은 왜 그리 소리를 질러대는지요. 무지무지 우악스러워서 무서웠답니다. 버스가 정류소를 지날 때마다 보따리도 사람 숫자만큼 늘어갔습니다. 손님과 짐짝으로 버스 안은 포화상태였지만 차장은 여전히 '들어가'를 외치며 안으로 밀어 넣었습니다. 그 시절 시골 버스에 무슨 정원이라는 게 있었겠습니까. 시내까지 가는 동안 한 사람이라도 더 태우려고 차장은 소리소리 질러가며 안으로 들어가라고 악을 썼지요.

나중에는 문을 닫지 못하여 차장은 대롱대롱 매달려서 '오라이'를 외쳤습니다. 지금 생각하면 아찔하지만 그 시절에는 흔한 광경이었습니다. 콩나물시루 같은 버스 안에서 밟히고 눌리면서 천신만고 끝에 시내에 도착하였습니다. 오다 보니 차창 밖은 깜깜한 밤이 되었습니다. 엄청 많은 학생이 손에 보따리를 챙겨 들고 내렸습니다. 서둘러서 내 보따리를 찾았습니다. 그런데 이게 웬일입니까? 낯선 보따리만 한 개 남았을 뿐 승객이 다 내리기를 기다려 보아도 내 쌀자루는 보이지 않았습니다.

아이고, 내 쌀자루.

머릿속이 하얗게 비어버린 듯했습니다. 가까스로 정신을 차려서 차장에게 물어보았습니다.

"저기요. 내 보따리가 없는데요?"

"자기 것은 자기가 챙겨야지. 내가 어떻게 알아?"

차장은 퉁명스럽게 면박을 주었습니다.

그러자 기사 아저씨가 운전석 옆에 있던 보따리를 내주시면서 한 마디하셨습니다.

"누가 바꿔서 들고 간 모양이다. 이거라도 대신 갖고 가는 게 어때?"

도리없이 남의 보따리를 들고 낑낑거리며 자취방으로 돌아왔습니다.

아침에 밥을 하려고 자루를 풀어보았더니 이건 또 무슨 일입니까? 자루 속에는 하얀 쌀이 아니라 시커먼 보리쌀만 가득 들어있었고, 좁쌀이 들어있는 작은 자루가 또 있었습니다. 덕분에 구수한 냄새를 풍기며 윤기가 자르르 흐르는 햅쌀밥 대신 한 달 내내 지겨운 꽁보리밥을 먹어야만 했습니다.

제 나이가 칠십 대에 막 들어섰습니다. 내 쌀자루를 들고 간 누군가도 내 또래였을 것이니 아마 지금쯤은 배도 나오고 머리도 허연 할아버지나 할머니가 되었겠지요?

50년도 더 된 기억 속 한 장면이 느닷없이 떠오르고, 가끔 너나없이 못살고 못 먹었던 시절이 문득문득 그리워지는 건 무슨 까닭인지 모르겠습니다. 물질이 넘쳐날수록 가치는 전도되고 이웃에게도 함부로 마음을 열 수 없이 점점 메말라가는 세상 탓 아닐까요?

그날 얼떨결에 비슷한 보따리를 들고 내렸다가 횡재(?)한 학생이 남학생이든 여학생이든 누구였든지 간에 지금 만날 수 있다면 참 반가울 것 같습니다. 우리가 살아온 그 시절 이야기를 하며 풍족하지는 않았어도 아름다웠던 시절을 추억하고 싶습니다.

내 쌀자루 들고 가신 분, 그동안 잘 먹고 잘 사셨수?

소멸의 길목에서

 우리 동네 이야기를 해보려고 한다. 우리 집은 열네 가구가 옹기종기 모여 사는 골목에 있었다. 작은 골목에 아이와 어르신까지 오륙십 명이 복작거리며 살았는데 내 또래도 골목 안에만 열대여섯 명이나 되었다. 그런데 이른바 제1차 베이비 붐 세대가 성장해서 골목을 떠나자 청년은 보이지 않았고 아기 울음소리는 사라졌다. 고고샅샅 골목을 누비며 놀던 아이들 대신 어르신들이 벗 삼아 기르는 누렁개와 검둥개 이른바 똥개들이 골목을 누볐다. 어르신들이 세상을 뜨자 빈집이 늘어났으며 골목에는 똥개마저 사라지고 말았다. 세월이 흐르고 베이비부머인 우리 세대가 은퇴할 무렵 골목 안에는 할머니 몇 분만 남았다. 멀리 있는 자식 대신 조금 젊은(?) 할머니들이 노령의 어르신을 도왔다. 갑자기 비가 오는 날이면 어르신들은 누가 부탁하지 않아도 거동이 불편한 노구를 이끌고 집마다 돌아다니며 비설거지를 해주셨다. 빨래도 걷어주고 창문도 닫아주는 건 평소 받았던 도움에 대한 일종의 되갚음이었다. 아름다운 모습이다. 그러나 이렇게 아름다운 인보정신도 그 빛이 사라졌다. 지금은 골목에 사람이 사는 집이 다섯 채만 남았다. 몇 집은 집터만 남아 부지런한 할머니의 텃밭이 되었고, 몇몇 집은 빈집으로 고양이들의 숙소가 되었기 때문이다.

소멸의 징후가 뚜렷한 골목에 들어서면 인구절벽과 저출산 노령화 사회의 실체가 눈앞에 드러난다. 꽃피는 봄날도, 녹음 짙은 여름날도 을씨년스럽다. 화창함이나 물오른 생명력 대신 바람만 횅한 골목을 돌아다니는 듯 스산한 느낌이 든다. 곧 소멸된다고 생각하면 섬뜩해진다. 이런 현상은 다른 마을도 마찬가지일 것이다. 지방의 소멸이 코앞으로 다가왔다는 증거다.

얼마 전에 '청년이 제주다'라는 슬로건을 내걸고 제주인구포럼이 개최되었다. 지역소멸 위기를 극복하기 위해서는 청년들이 제주에 자리를 잡고 살아갈 수 있는 여건이 필요하다는 지적이 나왔다고 한다. 너무나 당연한 얘기다.

오래전에 우리 세대는 왜 이 골목을 떠났나? 당연히 일자리 때문이다. 보다 나은 삶을 위해서다. 오늘날 제주의 젊은

이들이 제주를 떠나는 것도 우리 세대의 이런 모습과 별반 다르지 않다. 제주는 여러 가능성과 가치를 지니고 있지만, 예전에 우리 골목이 그랬듯이 젊은이들의 능력을 펼치거나 다양한 경험을 할 기회는 부족한 곳이다.

일자리를 늘리는 것이 문제 해결의 열쇠이지만 기업을 유치하거나 새로운 일자리를 창출해내는 일이 말처럼 쉬운 일은 아닐 것이다. 기업 유치가 어렵다면 농촌을 살리는 정책이라도 폈으면 좋겠다. 누군가는 농사를 지어서 농산물을 공급해야 한다. 하지만 노령화로 일손이 부족하여 외국인노동자를 써야 하는 게 농촌의 현실이다. 농촌과 도시를 이어줄 일자리를 자발적으로 만들어낼 수 있는 창의적인 청년들이 빈집에 들어와 살면서 주거비용도 줄이고 정착하여 농촌에 활기를 불어넣었으면 좋겠다.

청년들이 농촌에 정착할 수 있는 획기적인 정책이 나와 농촌도 살리고 인구문제도 해결했으면 좋겠다. 낭만적인 생각일지도 모르지만 농촌을 살리는 것이야말로 공멸에서 공존의 길을 향하는 일이기 때문이다. 소멸의 길목에 서서 고양이 울음 대신 다시 아기 울음소리가 들리는 골목이 되기를 간절히 소망해본다.

세월도 흐르고 나도 흐르고

　가로등도 없던 시절 깜깜한 밤. 긴 골목을 지나 심부름을 가다 보면 담벼락이나 나무 밑에 누군가가 숨었다가 불쑥 나타날 것만 같아 무서웠다. 그때 무서움을 이기는 방법이 노래 부르기였다. 노래를 부르면서 가면 칠흑 같던 밤이 하나도 무섭지 않았다. 심부름 갈 때 부르는 노래는 주로 배호의 노래였다. 내가 어렸을 적에 〈배호〉는 한창 잘나가던 요샛말로 국민가수였기 때문이다. 심부름을 나서는 순간 그의 노래는 메들리로 이어진다. 〈돌아가는 삼각지〉를 돌아 〈안개 낀 장충단 공원〉에 들렀다가 〈비 내리는 명동거리〉로 오다 보면 꽤 먼 심부름 길이 오히려 짧기만 했다. 〈마지막 잎새〉까지 부르기도 전에 어느새 집 앞까지 당도해버리는 것이다.
　나는 아직도 레코드판에 찍힌 사진 속의 배호가 아주 연한 갈색의 안경을 꼈다는 사실을 기억하고 있다. 그 시절의 라디오는 보물상자였다. 왕관이 선명하게 그려진 '금성 라디오'에서 바깥세상을 탐색했다. 내가 아는 노래들은 모두 라디오에서 귀동냥한 것들이다. 길을 가다가도 라디오에서 내가 아는 노래가 흘러나오면 가던 걸음을 멈추곤 했으니 요즘 태어났으면 아마도 열렬한 오빠부대가 되었을 것 같다.

지금 생각하면 우습기도 하다. 그러다가 고교에 진학할 무렵 비록 흑백텔레비전이었지만 나의 우상들의 얼굴을 보면서 노래를 들을 수 있다는 것은 보통 일이 아니었다. 더구나 트로트 일색이었던 십 대 초반에 비해서 꽤 다양한 장르의 노래를 접할 수 있다는 것에 매료되었다.

조영남의 〈딜라일라〉에 열광했고 양희은의 〈아침이슬〉을 부르며 고등학교를 다녔으며 송창식의 〈왜 불러〉를 들으며 대학이라는 데를 들어갔다. 아참, 그때는 '정미조'라는 가수도 있었다. 키가 큰 여가수가 부르는 〈개여울〉은 또 얼마나 나의 가슴 속을 여울지며 흘러갔던가. 윤형주의 맑고 투명한 목소리로 나에게 다가왔던 〈두 개의 작은 별〉은 내 작은 가슴 속에서 얼마나 반짝였던지….

삼사십 대에 나는 어떤 노래를 들으면서 살았을까? 잘 기억나지 않는다. 내 삶이 한창 바쁘고 복잡했던 탓이다.

지금은 아는 노래가 별로 없을뿐더러 관심이 없다. 신이

나는 노래는 많지만 가락이 지나치게 빨라서 들어도 기억에 남지를 않고 씹을수록 맛이 우러나는 노랫말도 찾기가 힘들다. 노래가 너무 의미심장할 필요는 없겠지만 그래도 어느 정도의 울림이 있어야 한다는 게 내 생각이다. 멋들어진 비유로 마음속을 물 흐르듯 흘러가는 게 아니라 너무 직설적이고 노골적으로 감정을 드러내는 까닭에 은근한 맛이 없다. 젊은이들이 부르는 노래는 공감이 안 되고 열풍이 불면서 어린아이부터 어른까지 부르는 트로트도 텔레비전만 켜면 나오니 이제는 식상한 느낌이다. 어쩌다가 텔레비전에 나온 내 청춘의 우상들을 보면 무상한 세월이 덧없이 지났음을 실감할 뿐이다.

오십 대쯤 팝의 황제 마이클 잭슨이 죽었을 때 그가 나와 동시대를 살아왔다는 사실에 조금 놀랐던 기억이 난다. 나는 피터팬 같던 그가 그렇게 나이가 들었다는 걸 몰랐었기 때문이다. 나는 그의 노래를 좋아하지도 않았지만, 왠지 서운해서 그에 대한 기사를 자꾸 보고 또 보았다. 한 세대가 지나갔다는 느낌 때문이었다.

아마 우리가 어렸을 적에도 어른들은 요즘 노래들은 점잖지도 못하고 품격도 없다고 혀를 찼을 것이다. 그러고 보니 불현듯 생각이 난다. 김흥국이 "앗싸, 호랑나비!" 외칠 때 우리는 재미있게 따라 불렀건만, 우리 아버지 왈 "저것도 노래냐? 잔나비 타령이지." 그러셨다. 사람이 부르는 노래가 아니라 원숭이가 부르는 노래라고 폄하를 하셨으니 김흥국이 들었으면 무지 섭섭해서 "으아~" 소리를 지르며 뒤로 넘어가지 않았을까?

요즘 아이돌 가수들의 노래를 들으면 솔직히 세대 차이를 넘어 내가 어느 별에서 뚝 떨어진 느낌이 들 만큼 생소하다. 김흥국이 비틀거리며 노래할 때 우리 아버지도 아마 나와 같은 당혹감을 느꼈을 것이다.

소싯적 내 마음 안에서 잔잔히 흐르던 개여울을 들어보지만 예전과 같은 감흥이 없다. 그다지 울림이 없다. 아하, 그렇구나. 마음에 스며들지 않는 것은 노래 탓이 아니라 인생의 굽이 굽이를 지나온 세월의 이끼가 내 마음에 잔뜩 낀 탓이리라.

문득 깨닫는다. 덧없는 세월만 흘렀으랴. 나도 흐르고 내 마음속에서 여울지던 노래도 흘러간 것을.

바당 싸움

　오랜만에 고향 바닷가를 찾으니 만감이 교차한다. 바다는 예나 지금이나 여전히 아름답다. 지금은 없지만 어린 시절 바다 주변에 유채밭과 보리밭이 있었다. 파란 하늘 아래 노란 유채밭을 지나가는 바람의 색깔은 왠지 노란색일 것 같고 청보리밭을 지나는 바람은 연둣빛일 것 같은 바닷가 풍경이 아련한 그리움으로 남아있다.

　바닷물 속에 숨어있던 작은 섬들이 차츰 드러나는 바다를 보노라니 잊혀졌던 기억 중 하나가 영화 속 한 장면처럼 되살아난다. 넓은 갯벌을 가로질러 이웃 마을을 향해 맹렬한 기세로 쳐들어가던 해녀들의 행렬. 어릴 때 이 바닷가에서 보았던 바당 싸움 장면이 느닷없이 떠오른 건 날씨 때문인지도 모르겠다. 그날도 바다는 오늘처럼 눈이 부셨고 썰물이 빠져서 드러나는 드넓은 갯벌은 이웃 마을 해안에 이어져 있었다.

인접한 두 마을 사이에는 해묵은 분쟁이 있었다. 싸움의 시작은 옛날로 거슬러 올라간다. 대동아전쟁의 말기 수많은 군함이 폭침되면서 군인들의 시체는 파도 따라 어느 해변이든 가리지 않고 밀려왔다. 시체가 잘 떠오르는 곳이 이웃 마을 바다가 분명하건만 자기네 바다가 아니라고 하도 억지를 부리니 마을 사람들은 울며 겨자 먹기로 밀려온 시체를 치울 수밖에 없었다고 한다. 바다의 경계가 불분명하여 목소리가 큰 쪽이 우기면 그게 법이 되던 시절이라 골치 아픈 일을 처리할 바다의 경계는 이렇게 정해졌다. 가끔은 흉도 굴러들어온 복이 되는 수가 있다.

미련해서 억지로 떠맡은 바다가 그랬다. 끝날 것 같지 않던 전쟁도 끝이 나고 해방이 되자 모든 것이 정상으로 돌아오기 시작했다. 그제야 자신들의 어장이 좁아졌다는 문제의 심각성을 깨달은 이웃 마을은 바닷속 암초를 놓고 소유권을 주장하며 바다를 돌려달라고 요구하기 시작했다. 해산물 수입에 의존하고 사는 입장에서 바다의 넓이는 주민의 생존이 걸린 문제였다. 분쟁은 격화되었다. 결국 오랜 다툼 끝에 공동작업장을 마련했다. 그 이외 지역은 서로 침범하지 않는다는 조건이었다. 사람들은 그곳을 '공동바당'이라고 불렀다. 하지만 사람의 욕심은 원래 끝이 없는 법이다. 그들은 공동바당에 만족하지 못했다. 같이 먹고 살자는 선의는 무시되었고 그 합의에 만족하지 못했다.

그날 일어난 싸움도 공동바당을 지나 경계를 넘어와서 미역을 채취해갔기 때문이었다. 분노한 해녀들과 마을 사람들이 돌진했고 여러 사람이 다치는 큰 싸움으로 번졌다. 훗날 '바당 싸움'이라 부르는 이 분쟁의 결과는 어떻게 조정되었을까? 당연히 우리 마을이 이겼고 공동바당은 원천무효가 되었다. 바다의 경계도 UDT대원까지 동원되어 과학적인 방법으로 확인한 뒤 결정되었다. 궂은일 피하려고 잔꾀를 부렸다가 스스로 생존권을 제한하게 된 치명적 판결이었다.

바다가 어린 나에게는 물장구치던 놀이터에 불과했지만, 어른들에게는 그만큼 목숨 걸고 지켜야 했던 삶의 터전이었고 치열한 생존경쟁의 전쟁터였다. 그로부터 거의 60년 가까운 세월이 지났고 그 전쟁터는 지금 너무나 평화롭다. 바다는 날마다 찾아가는 이들을 빈손에 보내는 법이 없다. 소라든 문어든 미역이든 뭐라도 손에 들려 보내 주는 고마운 존재다.

나 역시 바닷가 아이들이 그러하듯이 물질을 배우며 유년 시절을 보냈다. 숨비소리 낼 줄도 알고 자맥질도 할 줄 안다. 하지만 물속에서 숨을 참았다가 내쉬는 숨비소리는 단순히 숨을 내쉬는 소리가 아니고 바로 생명줄이 이어지는 소리라는 걸 깨달을 무렵 나는 바다를 떠났다. 어머니는 딸들에게 고된 물질 대신 공부하기를 원했기 때문이다. 내 친구들은 여전히 물질을 배우며 바다를 삶의 터전으로 삼았지만 남보다 일찍 깬 어머니를 둔 덕에 나는 평생 바다와 무관한 일을 하며 살았고 오늘날까지 국가의 혜택을 받게 되었다.

바다가 없었다면 공부를 계속할 수 있었을까? 바다가 어머니에게 값없이 내주는 것들은 내가 먹을 음식이 되었고, 생활비가 되었고 학비가 되었다. 바다를 떠난 나를 키운 것도 결국 바다인 셈이다. 끊임없이 생명을 잉태하여 인간을 먹여 살리는 바다를 두고 주인 노릇을 하며 서로 자기네 거라고 우기던 주장이 참으로 무색하다. 바다는 누구의 것도 아니다. 세상 모든 사람을 품고 키우는 넓은 품일 뿐이다.

나는 지금 어머니처럼 넓은 품을 마주하고 서 있다. 다시 돌아와 바라보는 바다는 여전히 그대로인데 그 많던 해녀들은 다 어디로 갔나? 몇몇 고령의 해녀들만 겨우 바다를 지키고 있을 뿐이다. 바다는 그들에게 무엇이었나? 바당은 어멍이고 어멍은 바당이었을 것이다. 바다는 엄마처럼 기댈 수 있는 존재이고, 엄마는 바다와 같은 존재라는 뜻이다. 바다처럼 넓고 깊은 가슴으로 나를 품어주신 분. 생명을 다하여 나를 키우시고 모든 것을 남김없이 주신 분. 나는 그 어머니 덕에 호의호식은 아닐지라도 큰 어려움 없이 먹고 산다. 바다가 고맙고 어머니의 끝 모를 사랑이 사무치게 느껴진다. 그립다. 보고 싶다. 바다를 향해 어머니 생전에 미처 해보지 못한 말을 소리쳐 본다. 어머니 사랑합니다.

추억을 간직한 바다는 파도 한 점 없이 잔잔하다. 대낮의 햇살만 잔물결 위에서 반짝거리며 부서진다. 해녀들이 개미 떼처럼 무리를 지어 달려가던 긴 모래톱엔 아무도 없다. 치열했던 바당 싸움도 전설처럼 전해질 뿐 이젠 아무도 바다를 두고 싸우지 않는다. 모두의 바다가 된 지 오래다. 사생결단으로 싸우던 어른들도 저세상 사람이 되었고 어머니도 친구들도 다 떠난 바다. 그래도 바다는 끊임없이 생명을 품어 키우며 아직도 누군가에게 희망이 되고 누군가에게는 어머니가 되어줄 것이다.

돌담, 그리움이 머무는 곳

　오랜만에 돌담이 둘러진 길을 걷다 보니 언젠가 보았던 돌담을 주제로 한 사진전이 생각났다. 어디 가나 볼 수 있는 흔하디흔한 돌담이지만 사진으로 보는 제주의 돌담은 특별한 느낌을 주기에 충분했다. 흐드러지게 피어난 유채와 어우러진 돌담의 모습이야 그림의 소재로도 흔히 쓰이는 빼어난 풍광이지만 오름의 완만한 곡선과 오밀조밀하게 구획을 지어놓은 밭담은 자연스레 조화를 이루며 정겨운 풍경으로 다가왔다. 아무렇게나 쌓아놓은 돌담도 아름다울 수 있다는 것은 일본에 갔을 때 알았다. 나리타 공항의 상공에서 내려다본 농지는 모두 네모반듯하게 되어있어서 마치 구획정리가 잘된 논을 보는 듯했는데 자연스러움이 전혀 없어서 제주에서 보는 밭의 돌담과는 아주 느낌이 달랐다.

긴 올레와 울담, 사후의 유택까지 보호해주는 산담, 해녀들이 얼어붙은 몸을 녹이며 불을 쬐던 불턱의 담, 왜적의 침입을 막아내기 위해 쌓았던 환해장성 등등 사진 속 돌담은 어느 것을 보아도 나름대로의 독특한 아름다움을 지니고 있었다. 특별하지 않은 주변에서 특별함을 찾아낼 수 있는 심미안이 놀랍기도 하다.

사진 속 제주의 돌담은 제각각 갖가지 사연을 간직한 체 제주인의 삶을 대변해주고 있었다. 담쟁이덩굴이 핏줄처럼 얽힌 돌담을 보면 척박한 땅을 일구며 사나운 바다와 싸우며 산 제주인의 억척스러움이 느껴지고, 오밀조밀한 밭담을 보면 비록 손바닥만 한 땅뙈기일망정 네 것 내 것 구분하고 서로 탐내지 않는 순박함이 느껴진다. 그런가 하면 험난한 세월을 넘고 넘어 생명이 다한 후에 고인에게 주어지는 몇 평의 땅을 구분하기 위해 쌓은 산담을 보면 마치 산 자와 죽은 자, 이승과 저승을 구분하는 것 같아서 무상함이 느껴진다. 긴 올레와 더불어 이웃과의 경계를 이루는 돌담 울타리에서는 사람 사는 냄새와 정겨움이 묻어난다.

돌담 위로 얼굴을 내밀고 이웃끼리 주고받는 말이 들리는 듯하고, 제주 어머니들의 애환이 서린 불턱의 돌담을 보면 그 삶의 지난함에 가슴 한구석이 아려온다. 그리고 보니 도시에서 콘크리트 벽만 바라보며 산 지 오래되었다. 특별할 것도 없는 돌담에도 아련한 그리움이 머문다.

제주인의 삶에서 돌담이 지닌 의미는 무엇일까?
돌담이야말로 자연을 이용하며 살아온 우리 조상들의 지혜가 결집된 생존방식이라고 생각한다. 돌담은 남의 것을 침범하지 않으며 내 것을 지키는 동시에 자연을 정복하는 시설이자 방법이기 때문이다.

돌담은 참으로 기능적이다. 적으로부터 부락을 지켜내는 바리케이드이기도 하고 내 소유를 뜻하는 경계이기도 하며 마소의 출입을 통제하는 수단이기도 하고 바람을 막는 방풍막이기도 하다. 그런가 하면 사생활을 보호해주는 보호막 같은 기능도 있다.

돌담은 견고하다. 그러나 언제든 허물어버릴 수 있는 유연함과 관대함도 가지고 있다. 농로가 없는 맹지에 농사를 지으려면 곤란한 일이 한두 가지가 아니다. 그러나 농로에 접한 땅의 돌담 몇 덩어리를 내려놓으면 곧 길이 되는 것이다. 제주의 농민들은 지금까지도 수시로 담을 허물며 쌓으며 길이 없는 땅일지라도 농사를 지으며 살아간다.

그런가 하면 돌담에는 초속 50m의 강풍이 불어와도 돌담이 무너지지 않게 하는 과학이 숨어있다. 마치 커다란 댐의 수문으로 물이 빠져나와 범람하는 수위를 조절하듯이 돌덩어리 사이사이에 생긴 틈이 바람이 빠져나가게 하는 역할을 함으로 웬만한 태풍이 불어와도 돌담은 끄떡없는 것이다.

돌담이 아닌 그 무엇이 이만큼 효용가치가 있을까?
지천으로 깔린 돌을 유용하게 이용할 줄 알았던 선조들의 지혜도 대단히 훌륭한 유산이다. 제주의 자연에 산과 바다만 있다면 어떨까? 삭막할 것이다. 별 볼 일 없는 돌덩어리도 풀과 나무와 더불어 제주의 자연에 아름다움을 더해주고 기암괴석은 절경을 이룬다. 바람 많고 돌 많고 여자 많은 삼다의 섬에서 여자와 바람만 많았다면 아마도 황량하기 그지없는 땅이 될 법도 하다. 돌도 분명히 제주인에게 주어진 하나의 축복이라는 생각이 든다.

바람이 분다.
숭숭 뚫린 돌담 틈으로 횡횡 소리를 내며 내닫는 바람소리를 들으며 나 홀로 돌담의 노래를 듣는다.

내 역사의 기록들

나에겐 쓰던 물건을 잘 버리지 못하는 습관이 있다. 놔두면 언젠가는 꼭 필요한 날이 있을 것 같아서 보관해둔다. 그러나 꺼내서 사용하는 일은 별로 없다. 없어도 그다지 아쉬울 것 없는 물건들을 왜 아직까지 간직하고 있는지 나도 모르겠다. 버려야지 버려야지 하면서 자꾸 미루다 보니 시간이 지날수록 잡동사니들이 퇴적물처럼 쌓여간다.

인생을 사계로 나눈다면 나의 인생도 어느덧 겨울 초입에 접어들었다. 여러 가지 생각이 오락가락한다. 버릴 게 어디 물건뿐이랴. 정작 먼저 비워야 할 것은 보관창고나 서랍이 아니라 나 자신임을 깨닫게 된다.

욕심도 더러는 내려놓아야 하고, 부질없는 미련도 버려야 한다. 섭섭하고 고까운 마음도 버려야 하고, 좋지 않은 기억도 버려야 하고… 살다 보니 유형무형의 버릴 게 너무 많다.

 어느 날, 마음먹고 주섬주섬 정리를 시작했다. 잘 입지 않는 옷부터 정리하고 해묵은 책들도 좀 버리고 나니 집안도 널널하고 마음도 가벼워진다. 서랍 속에 넣어둔 해묵은 사진도 같이 정리했다. 내 인생의 박물관 같은 빛바랜 사진첩도, 낡은 카메라도 언젠가는 버려질 것이다. 인물을 위주로 찍다 보니 그랬는지 언제 어디에서 찍었는지 모를 사진도 의외로 많았다. 장소를 안다 해도 추억은 그림자만 어렴풋이 남았고 기억은 가물가물하다. 사진도 역시 시간의 퇴적물이다. 세월의 강물은 흘러갔어도 지나간 시간과 함께한 사진은 화석처럼 남아있다. 모래알처럼 퇴적된 시간 속에서, 박제되어버린 젊은 시절의 나를 만난다. 사진 속 얼굴들도 그립다. 그들은 어디서 무엇을 할까? 얼마나 변했을까?
 나는 여행 가서 사진 찍는 것을 별로 좋아하지 않는다. 특별한 이유는 없지만 좀 더 많은 걸 렌즈가 아닌 내 눈에 담기를 원하는 까닭이다. 그런 나에게 동료들은 이렇게 말한다. 여행 갔다 오면 사진밖에 남는 것 없어. 그 말이 진실임을 이제야 비로소 깨닫는다. 사진은 마법과도 같아서 가버린 그날의 기억을 소환해낸다. 때로는 그때의 감정을 되살리기도 한다. 사진첩을 넘기며 옛 추억에 잠기는데 한 장 한 장의 사진마다 감회가 새롭다.

　학교 건물을 배경으로 찍은 초등학교 졸업사진, 돌로 지은 건물은 지금 어느 곳에서도 볼 수 없는 모습이다. 앞자리에 앉은 선생님 중 유일한 여선생님은 6·25 때 피난 와서 교편을 잡으신 분인데 '내래 피양서 왔지. 우리 집은 아흔아홉 칸 집으로 유명한 여관이었드래서.' 피난길 역사를 들려주던 평양 사투리와 말투가 지금도 생각난다. 한복 통치마 저고리 위에 스웨터를 걸친 모습에 격세지감을 느낀다.
　다래끼가 나서 안대를 하고 찍은 중학교 때 사진, 같은 날 다른 사진에는 난데없이 선글라스를 꼈다. 애꾸눈을 하면 되겠냐면서 담임선생님이 빌려주셨던 것 같다. 초임 시절 담임을 했던 아이들과 찍은 사진도 있다. 앞니가 빠진 아이들의 해맑은 웃음도 오래된 기억을 되살려준다.
　교사 생활을 시작하던 첫해에 나는 1학년을 맡았다. 유치원도 없던 시절이라 집단생활에 서툰 아이들과 아이들을 어떻게 다루어야 할지도 모르는 햇병아리 교사가 우왕좌왕 좌충우돌하던 시절이다. 그때가 생각나서 웃음도 나오고 부끄러움도 살짝 스쳐 간다. 얼마나 많은 실수와 시행착오가 있었을 것인가.
　커다랗고 둥근 무덤 앞에서 찍은 사진. 여기가 어딜까? 칠백의총이다. 무명의 의병들은 이름 하나 남기지 못해도 우리 민족의 역사에는 칠백의병이 의병장 조헌과 함께 왜적에 당당히 맞서 싸우다 금산전투에서 전사하였다는 기록을 한 줄 남겼다. 그 한 줄의 역사를 증명하는 곳이다. 언제 적 일인가? 일정에 쫓겨서 사진 몇 장 찍고 온 게 전부이지만 사진을 통해 그 시절 발자취가 40여 년 후에 나와 조우한 셈이다.

엄청나게 큰 무궁화나무 사진도 눈길을 끈다. 동경올림픽 선수촌이었던 올림픽 메모리얼 센터의 뜰에서 찍은 것이다. 나무가 큰 걸 보니 1964년 동경올림픽 때 각 나라를 상징하는 꽃을 심었던 모양이다. 남의 나라 일본에서 만개한 무궁화를 본 순간 얼마나 가슴이 뭉클했던가. 거기서 이런 일도 있었다. 화장실에서 볼일을 보는 중이었는데 변기가 드르륵 움직여서 소스라치게 놀랐다. 지진이었다. 오래된 사진 한 장에서 많은 걸 생각하게 되었고 생각은 꼬리에 꼬리를 물고 이어진다. 내가 속한 단체에서 이런저런 활동을 하며 찍은 사진과 더불어 환갑에 찍은 가족사진, 갓 태어난 손자를 안고 찍은 최근 사진을 보자니 내 인생이 그대로 파노라마가 되어 펼쳐진다. 흑백사진부터 컬러사진과 디지털 사진에 이르기까지 발달된 기술로 함께 내 삶의 순간순간을 기록해준 사진이 나의 존재를 증명해 주는 것 같아 고맙기도 하다.

한 장의 사진도 삶의 기록이고 개인의 역사다. 사진 속에는 지나온 발자취가 고스란히 담겼다. 개인이든 나라든 역사는 기록이 중요하다는 사실도 함께 깨닫는다. 그 사진이 없었다면 그곳에 갔던 일을 기억조차 못 했을 수도 있겠지 싶다. 가족과 함께 찍은 사진, 첫 손자를 안은 내 모습도 모두 내 역사의 기록이다. 낡은 사진에 담긴 나의 역사 속에서 함께 했던 얼굴들이 새삼 그립다. 그들도 그립지만 함께했던 시간. 돌아갈 수 없는 그 시간이 더 그리운 것인지도 모르겠다.

젊은 날의 풋풋했던 내 모습이 조금은 낯설다. 하지만 나는 앞으로도 더 낯선 시간을 얼마쯤은 더 가야 한다. 더 낯선 모습으로 어떤 기록을 남길지 나도 모르고 나의 역사는 어떻게 끝을 맺을지 아무도 모른다. 다만 지금보다 더 시간이 지난 후 나와 만나는 사진 속 내 얼굴이 볼품없을망정 환하게 웃는 모습이었으면 좋겠다.

목이 마르다. 믹스커피 한 잔으로 마른 목을 축이니 목줄을 타고 내려가는 건 그리움인가. 쓸데없는 감상인가. 시간의 퇴적물 속에서 지나간 시절을 반추하는 동안 어느덧 석양이 비친다. 시간을 꽤 허비한 셈이다. 그러나 이 무용한 시간 또한 내 역사의 한 페이지임을 어쩌랴. 사진 속 그날들이 내게 말하는 듯하다.

'당신이 어떤 길을 걸어오든 발자취는 어딘가에 이렇게 남는답니다.'

그때 그 여름엔

 지난해 여름은 너무나 더웠다. 밤낮 에어컨을 틀어놓지 않으면 더운 공기가 몸에 착착 휘감긴다. 문밖을 나서는 순간 불쾌지수는 오르고 공연히 짜증이 난다. 에어컨이 없던 시절은 어떻게 견뎠을까? 전기도 에어컨도 없던 때를 생각하니 문득 어느 여름밤이 떠오른다.

 그 시절 여름밤 후덥지근한 더위를 피해 마당에 깔린 멍석은 거실이자 식탁이자 침실이 되었다. 멍석을 펴고 앉아 저녁을 먹은 뒤 드러누워 별이 총총한 하늘을 보면 하늘은 들판 같고 반짝이는 별은 들판에 지천으로 피어난 들꽃 같았다. 별꽃이 만발한 하늘 들판에 마음껏 상상의 나래를 펼쳤다.

 그때 국자처럼 생긴 별자리 북두칠성은 우리 집 지붕 너머 초롱초롱 빛나고 카시오페이아자리는 앞산 꼭대기에 걸릴락 말락 반짝거리는 걸 보노라면 여름밤은 깊어가고 어느새 잠이 들었다가 새벽이슬의 선선함에 잠이 깨곤 했었다. 전기도 수도도 없을 때의 일이니 요즘 사람들의 눈으로 보면 미개하고 촌스럽기 짝이 없다. 그러나 이런 일도 아름다운 여름밤의 낭만으로 기억되는 걸 보니 세월이 참 많이 흘렀나 보다.

여름 낮에는 뭐하면서 더위를 피했을까.
우리 동네엔 용천수가 흘러나오는 빨래터가 있었다. 빨래를 핑계 삼아 입술이 파래지도록 먹을 감으며 놀다가 온다. 얼음물 같았던 용천수의 차가움과 돌아오는 길에 피었던 분꽃의 그 선명하고 고운 색깔은 아직도 기억 속에 남아있다. 그러나 우리들의 진짜 피서지는 따로 있었다. 바닷가는 바로 우리들의 피서지이자 놀이터였다. 썰물이 빠지는 시간부터 밀물이 밀려오는 시간까지 물장구를 치거나 자맥질하며 놀다가 이빨이 덜덜 마주칠 정도로 추워지면 물에서 나와 납작한 바윗돌에 큰대자로 엎드린다. 작열하는 태양에 뜨뜻하게 달구어진 돌은 배와 가슴을 따뜻하게 해주었고 등에 쨍쨍 내리쬐는 햇빛은 언 몸을 녹여주기에 충분했다. 아마 도회지 아이들은 경험해보지 못할 추억일 것이다. 지나고 보니 불편하기는 해도 아름다운 시절이었다. 너나없이 가난해서 비교당하지도 않았고 어느 집이건 농사짓고 물질하며 사니 위화감이

들일도 없었고 공동체 의식이 남아 이웃끼리 정을 나누며 살던 시절이었으니 아련한 그리움이 남는다. 내 기억 속 유년의 바다는 눈부시게 찬란했고 그 추억은 지금도 내 마음속에서 보석처럼 반짝거린다.

요즘은 물질이 풍족하고 과학기술과 문명의 발달로 말할 수 없이 생활이 편리해졌다. 하지만 오늘날은 풍요 속에 정서적 빈곤을 느낀다면 옛날은 빈곤 속에서도 풍요를 느꼈던 시절이 아닌가 싶다. 에어컨을 틀어놓고 경험할 수 있는 건 시원함과 쾌적함이다. 도구의 발명이나 문명의 발달은 인류의 삶을 변화시켰다. 그로 인해 얻는 만족감은 아마도 편리함이거나 효율성 그리고 유용함에서 오는 것이겠지만 자연과 교감하며 얻는 만족감은 또 다른 것이다.

바다를 눈으로 보고 짭조름한 바다 냄새를 맡으며, 찰랑거리는 물결 소리를 들으며 물속에 몸을 담글 때 느끼는 시원함 거기다가 모래를 후벼 파서 잡은 조개 두 개를 손바닥에서 맞부딪쳐 까먹는 즐거움은 말 그대로 오감 만족이다. 이걸 아이스크림 몇 개를 먹거나 에어컨을 틀어서 쾌적한 실내 또는 수영장에서 얻는 만족감과 비교할 수 있을까? 내가 에어컨 앞에 앉아 옛날을 추억하며 그리워하는 건 인위적인 것과 자연적인 것에서 얻는 만족감의 차이 때문일 것이다.

하루는 딸이 이제 겨우 6개월 된 아기를 데리고 문화센터에 갔다 왔다며 사진을 보내왔다. 이마와 팔뚝에 물미역을 잔뜩 붙인 아기는 어리둥절한 표정이다. 감각놀이 수업이란다. 교육인가 상술인가. 쓴웃음이 나온다. 그럼에도 불구하고 나는 손주가 자유롭게 걷고 말을 알아들을 때쯤이면 바닷가에 데려가 오감만족의 생생한 체험을 하게 해줄 작정이다. 아이가 컸을 때 반추해보며 즐거워할 기억 하나쯤은 남겨주고 싶어서 말이다.

제2부
〈수필 2〉

인생이라는 파도타기

풀빛 물빛 달빛

오랜만에 날씨가 좋다.

노오란 봄 햇살은 나무 위에 부서져 내리고 사철나무 연둣빛 새 이파리가 반짝거린다. 나는 그 연둣빛 신록이 뿜어내는 생기를 참 좋아한다. 문득 어렸을 때 부르던 동요 한 소절이 떠오른다.

'우리들 마음에 빛이 있다면 여름엔 여름엔 파랄 거예요.'

글을 쓰다 보면 글은 결국 마음과 생각을 글자로 표현하는 일이니 당연히 글을 쓰는 마음에도 빛깔이 있지 않을까 생각할 때가 있다. 장르가 다른 글을 쓰다 보면 글의 종류에 따라 담을 수 있는 그 빛깔이 약간 다를 수 있다는 것을 어렴풋이 느끼기도 한다. 동화라는 그릇은 비록 황당무계할지라도 내 맘대로 상상하고 꾸며낸 걸 담을 수 있다는 점이 좋다.

상상에는 어떤 제한도 없으니 마음껏 나래를 펴도 흉이 되지 않으니까. 아마도 동화를 쓸 때의 마음의 빛깔은 풀빛과 같이 파릇파릇해야 동심을 그릴 수 있지 않을까 싶다.

그러나 가끔은 내 마음과 생각을 가공하지 않고 진솔하게 담을 수 있는 그릇 또한 필요하다고 생각할 때도 있다. 투박할지라도 곰탕이나 설렁탕같이 삶을 우려낸 국물을 담을 수 있다면 좋겠다는 말이다. 수필이 그것인데 인생의 희로애락이 다 녹아들어서 오히려 투명하게 편견 없이 보이는 그대로를 글로 쓰고 싶다면 그 마음의 빛깔은 물빛일 거다.

그런가 하면 어떤 글을 쓸 때는 달빛과 같은 마음이었으면 좋겠다고 생각한다. 햇빛에 반사되어 빛이 나는 달처럼 스스로 빛을 내는 발광체는 아니더라도 빛을 반사시켜 어둠을 덜어내면 좋을 것 같은 생각 때문이다. 기고문 같은 것은 어차피 세상사를 투영한 글이니 따뜻하고 감성적이기보다는 이성적이고 논리적인 글이 맞을 것이다. 이글거리는 태양빛보다는 한 단계를 더 거쳐 좀 더 차분해진 달빛이 낫지 않을까 싶은 이유다.

'에구. 잘 쓰지도 못하면서 고상한 척하기는.' 쓰다 보니 잡소리를 실컷 한 것 같아 쓴웃음이 나온다. 나는 그럴만한 실력을 갖추지도 못했고 정작 나의 마음은 풀빛도 물빛도 달빛도 아니라서 결과적으로 어정쩡하고 시원찮은 글을 쓰고 있을 뿐이다. 거미가 거미줄을 뽑아내듯이 글줄을 줄줄 뽑아낼 수 있는 게 아니라서 말이다.

나는 코로나를 겪으면서 방콕(?)생활을 하는 동안 가슴속은 사막처럼 메말라 있었다. 그런 가운데 가끔 쓰는 글은 내 마음에 내리는 단비와 같아서 때때로 마른 가슴을 촉촉이 적셔주었다. 나에겐 답답하고 무료한 일상의 탈출구가 글쓰기였던 셈이다. 나는 내가 쓴 글을 누가 읽을 것을 전제로 쓰지 않는다. 그냥 내가 좋아서 아무 때나 쓴다. 아무 방해도 받지 않고 글 쓰는 시간을 좋아하기 때문이다. 그래서 어떤 날은 풀빛 같은 마음으로 동심을 두드려 보고 싶고 어떤 날은 물빛 같은 마음이 되어보고 싶고 어떤 때는 달빛 같은 마음이 되길 기대하면서 쓰다 보면 방콕생활이 그다지 지루하지 않다.

글쓰기가 나에게는 벗이자 일종의 놀이이기 때문에 잘 쓰고 못 쓰고는 그다지 신경쓰지 않는다. 누가 읽으라고 쓰는 글이 아니라 내가 만족하기 위해 쓰는 글이기 때문이다. 어린아이가 소꿉장난할 때 그릇에 담긴 음식의 맛을 따지지 않는 것과 같은 마음이다. 그저 혼자 노는 놀이일망정 놀이에 푹 빠져 세상만사를 잊는 것이다. 장르가 다르고 글의 맛이 각각 다를지라도 한 편을 완성하고 나면 마음이 뿌듯하다. 물론 내 글이 이다음에 활자화가 되어서 다른 사람이 읽게 될 때 변변치 못해 부끄러움을 느끼게 될지도 모른다. 그래서 사실은 좀 두렵기도 하다. 그래도 쓰자. 나는 그냥 쓸 뿐이다.

퇴적된 시간 앞에서

그리스 신화에는 시간의 신이 두 명 나온다. 크로노스와 카이로스. '크로노스의 시간'은 세 개의 바늘이 재깍재깍 돌아가며 가리키는 시간, 즉 과거에서부터 쭉 이어져 온 연속적이며 물리적인 시간을 말한다.

반면 '카이로스의 시간'은 물리적인 시간과는 다르다. 말하자면 순간적인 기회 같은 것이다. 그래서 신화에 나오는 카이로스의 모습은 대머리다. 카이로스가 재빨리 지나가면 뒤에서 붙잡을 수 있는 머리카락조차 없다는 것이다.

'기회'라는 것 또한 그렇다. 한번 놓치면 그만이니까. 아마도 내 생각엔 뉴턴이 사과가 떨어지는 걸 보면서 만유인력을 생각한 그 시간, 성경에 나오는 사울이 예수 믿는 자들을 잡으러 가다가 다메섹 도상에서 예수를 만난 후 회심한 것과 같은 시간이 그에 해당하지 않을까 싶다. 예수에 대해 적대적이었던 사울이 180도 변하여 바울이 되고 사도가 된 것처럼 그 순간을 전후하여 사람이 바뀔 만큼 찰나적이며 획기적인 시간이 카이로스의 시간이 아닐까 한다.

살아온 날들보다 살아갈 날이 훨씬 적다는 게 느껴질 무렵 초조함과 허전함이 가슴속에 남았다. 뒤돌아보니 잘한 일도 없고 남는 것도 없고 뭘 시작하기에는 너무 늦은 것 같기도 해서 말이다. 퇴직 후에 하는 일 없이 그렁숭 저렁숭 하루를 보내고 나면 '또 하루가 이렇게 가는구나.' 소중한 시간을 허비해 버렸다는 자책감이 밀물처럼 밀려왔다.

누구에게나 시간은 공평하다. 잘난 사람이라고 하루가 30시간이 주어지는 게 아니고 못난 사람이라고 20시간이 주어지는 건 아니니까. 똑같은 시간을 어떻게 활용하느냐에 따라서 결과물이 달라질 뿐 세월을 이길 장사는 없다. 누구도 거스를 수 없는 시간 앞에 서면 한없이 작아진다. 그것이 겸손을 빙자한 초조함이거나 성찰을 가장한 허세일지라도 자신을 돌아볼 수밖에 없어진다. 내가 느꼈던 감정은 바로 크로노스의 시간에 대한 좌절감이었던 셈이다.

어느 순간 내가 특별히 부지런히 산 것은 아니지만 그동안 충분히 일했으니 지금은 좀 빈둥거려도 괜찮다고 생각을 바꾸었다. 숨쉬기 운동만 잘해도 괜찮다고 자신을 합리화하기에 이르렀다는 말이다. 노년을 활발하고 보람차게 살자는 것보다 하루하루를 기쁘게 살자는 것에 목표를 두면 어떨까 싶었다. 내가 누구처럼 카이로스의 시간을 붙잡은 건 아니지만 생각을 바꾸니 그럭저럭 괜찮다. 음식점이나 카페의 키오스크 앞에서 쭈뼛거릴지라도, 컴퓨터나 디지털기기를 잘못 다루어서 다른 사람의 도움을 받을지라도 창피하지도 않고 과히 서럽지도 않다.

그냥 늙음을 인정하고 도움을 청한다. 그렇게 살다 보니 하루가 지나가도 덧없이 느껴지지 않고 탈 없이 지나간 게 감사할 따름이다. 따지고 보면 오늘 하루가 내게 주어진다는 것은 대단한 축복 아닌가? 도도히 흘러가는 시간의 물결에 나 자신을 맡기고 자연의 법칙에 순종하며 나는 그저 살아가려 한다. 나이는 숫자에 불과하다지만 내가 생각하는 나이는 개개인에게 퇴적된 시간의 총량이다. 어차피 시간의 주인은 내가 아니다. 나는 그저 내게 주어진 시간의 관리자일 뿐. 인생이란 그런 거다.

퇴적된 나의 시간을 돌아보며 다짐해 본다. 나이는 숫자에 불과하다고 우기지도 않겠으며 잘하려고도 아니할 것이요 뭘 남기려고도 아니할 것이다. 노여워하지 않으려 노력할 것이며 누굴 가르치려고는 더더욱 아니할 셈이다. 부질없는 것에 욕심을 부리지도 않을 것이다. 여기까지 생각하고 보니 웬 도인이냐 싶기도 하고 참 허무맹랑하고 덧없다. 말은 참 쉬운데 실제로 지킬 수 있을지는 의문이다. 시간이 더 흐르고 나면 정말 나의 희망대로 될지 더 괴팍하고 고집스런 노인으로 변해있을지 나는 모른다. 다만 오늘도 나는 이 하루를 감사하며 내일은 이슬처럼 신선한 아침을 맞고 싶을 뿐이다.

인생과 견생

어렸을 때 개를 기른 적이 있었다. 지금처럼 주변에 특별한 견종이 있었던 것도 아니어서 어느 집에서나 기르는 누렁이 말하자면 똥개였다. 귀엽고 앙증맞은 강아지도 아니었지만 우리 가족은 식구처럼 아꼈다.

그러던 어느 날 동네를 쏘다니던 개가 저녁 무렵 집으로 들어오더니 비실거리며 쓰러져버렸다. 모두들 충격이었다. 그 후 집에 들어올 때마다 허전했고 내 마음에서 무언가가 빠져나가 버린 것 같은 느낌에 사로잡혔다. 원인은 짐작하건대 쥐약이 아니었을까 싶다. 그 무렵은 정부에서 쥐잡기 운동을 장려하던 시절이었기 때문에 정기적으로 쥐약을 나눠주었다. 쥐약이 섞인 음식물을 어디선가 먹은 게 아니었을까 추측할 뿐이다.

그 후 우리 가족은 누구도 개를 기르자는 말을 하지 않았다. 사람이든, 기르던 개든 영원히 이별해야 한다는 사실은 슬픈 일이다. 그게 사오십 년 전 일이지만 슬픔을 피하고 싶었던지 지금도 나는 개를 기르지 않는다. 가끔 적적해서 강아지라도 한 마리 기를까 하는 생각이 없잖아 있지만 그저 생각에 그치고 만다.

얼마 전 공항에서 탑승을 기다리고 있었다. 젊은 부부가 내 옆에 와서 앉았다. 부부는 각자 강아지가 담긴 가방을 들고 있었다. 고개를 빼꼼 내민 강아지들이 시선을 끈다. 남자의 강아지는 선글라스를 끼고 있었고 여자의 강아지는 와이셔츠에 빨간 넥타이를 매고 있었다. 귀엽다. 자꾸만 눈이 갔다. 흘끔거리는 내 시선을 느꼈는지 젊은 여자는 마치 어린 아들에게 말하듯 강아지의 머리를 나에게 숙여 보이며 말했다.

"'안녕하세요' 해야지."

괜히 머쓱해서 강아지가 예쁘다고 말해주었더니 매우 흡족한 표정이다. 영락없이 두 자녀를 둔 젊은 부모의 모습이다. 개 엄마 개 아빠로 사는 이들이 많아지고 개모차가 유모차보다 더 많이 팔리는 시대에 전혀 이상할 게 없는 풍경이다.

1인 가구가 늘어가고 비혼주의자도 많아졌지만 사람은 누구든 혼자는 외롭다. 마음을 나눌 누군가가 필요한 건 인지상정이다. 결혼했다 해도 아이를 낳고 기르기 힘겨운 상황이다. 애지중지 키워도 내 맘대로 안되는 게 자식이다. 그 무섭다는 중2병도 건너야 하고 질풍노도의 시간을 무사히 넘긴다 해도 부모가 자식 때문에 넘어야 할 산이 끝도 없으니 차라리 무자식 상팔자로 살자. 그래도 무언가 공허하다. 정을 나눌 대상이 필요하다. 그런 사람들의 삶 속에 애완견은 훌륭한 대안이 된 듯하다.

  내가 바라보는 너의 눈은 다른 곳을 향해 있고, 세상에 다시 없는 절친인 줄 알았는데 돌아서면 뒤통수 맞는 이 팍팍한 세상. 산전수전 다 겪으며 눈물 나게 길렀더니 제 잘난 줄만 아는 자식. 개 말고 누가 나를 한결같이 재롱떨며 반겨줄까. 때로는 야단쳐도 때로는 고함을 질러도 변함없이 꼬리치며 달려드는 사랑스러운 존재가 개 말고 또 있던가. 내 마음을 알아주는 건 너밖에 없구나.

  이런 마음이 오히려 자연스러울지도 모르겠다. 개에게 재산을 물려주는 노인도 있다고 한다. 세태가 이러니 애견인구가 폭발적으로 늘어나고 애완동물 관련 산업이 급속도로 팽창했다. 개를 위한 시설도 가지가지이고 들어가는 비용도 엄청난 모양이다. 오죽했으면 드라마에 나오는 사기꾼조차 구백이라는 개를 내세워 애견인들에게 사기를 칠까? 개를 기르는데 월 구백을 써서 개 이름이 구백이란다. 드라마이긴 하지만 드라마도 세태를 반영하니 세상은 요지경 속이다.

당신은 혹시 절친이 기르던 강아지가 죽었다면 문상을 가겠는가? 어떤 사람이 친구로부터 키우던 개가 죽었다고 아무 날 아무 시에 장례를 치르니 장례식장에 와달라는 연락을 받았다. 개의 장례식이라... 좀 떨떠름하긴 했지만 친한 친구에게 슬픈 일이라 함께 해주는 것도 좋을 듯하여 장례식장을 찾았다고 한다. 그런데 조의금을 넣는 함이 있어서 난감했다. 미리 준비하지는 않았어도 얼른 봉투를 마련하여 조의금을 함에 넣었다. 그렇지만 그 사람은 돌아오는 내내 마음이 불편했다.

이 이야기가 사실일까? 유튜브에 떠도는 이야기이니 진위를 확인할 바는 없다. 아마도 전혀 근거가 없는 말은 아닐 것이다. 동물 장례식장이 적어도 70여 군데가 있다 하니 조의금 함이 있을 가능성은 높다. 사실이라면 사람이 개에게 문상가는 꼴이니 실로 이상한 풍조다. 정승집 개가 죽으면 문상객이 문전성시를 이루고 정승이 죽으면 개 때릴 막대기도 없다는 옛말이 있긴 하지만, 이것은 어디까지나 염량세태가 그렇다는 풍자이고 비유일 뿐이지 실제로 문상이야 했겠는가. 혹 앞서 이야기가 꾸며낸 것이라면 애완견의 지위가 그만큼 인간과 동등해졌다는 반증이다.

논란거리가 되는 것은 개의 죽음을 바라보는 시각의 차이 때문일 것이다. 문상을 오라는 본인에겐 가족상이요, 타인에게는 개의 죽음일 뿐이다. 그렇기에 가기도 그렇고 안 가기도 그렇고, 조의금을 마련해야 할지 말아야 할지, 액수는 얼마를 해야 할지 떨떠름한 것이다. 오랜 시간 가족으로 살다가 이별을 맞이해야 하는 순간은 인생이나 견생이나 슬프긴 매한가지다. 한낱 개일지라도 정을 듬뿍 주고받으며 살아온 존재를 어떻게 한낱 먼지처럼 털어내 버릴 수 있으랴. 애틋한 건 인지상정이다.

심정적으로도 그러려니와 현실적으로 죽은 개를 처리할 문제도 간단치 않다. 개의 사체는 매장하는 것도 불법이기 때문에 어려움이 따른다. 또한 생활 폐기물로 분류가 되기 때문에 쓰레기봉투에 담아서 버려야 한다고 한다. 가족과 같은 존재를 그렇게 버리기도 마음이 쉽사리 허락하지 않는다. 사실 쉽지 않은 일이다. 그래서 생겨난 게 동물 장례식장이고 이것을 이용할 수밖에 없는 모양이다. 염도 하고 수의도 입히고 장례 절차와 방법이 사람과 똑같아서 장례비도 적게는 몇십만 원 많게는 백만 원 정도가 든단다. 개의 장례는 각자 능력껏 알아서 하면 될 일이다. 가는 길에 정성을 다하는 걸 누가 뭐라고 하겠는가.

그러나 부고를 전하는 건 좀 다른 문제다. 가족끼리 조용히 보내주면 그만이지 아무리 가족 같다 해도 아무려면 인생과 견생이 어찌 동급이 되겠는가. 눈에 넣어도 안 아픈 존재일지라도 개는 개일 뿐이다. 사람보다 존엄한 개는 없다. 그것이 창조 질서다. 조물주가 세상을 창조할 때 사람에게 만물의 영장으로 동식물을 다스리며 살라는 지위를 주셨기 때문이다. 사람은 세상을 유지하고 발전시키며 이끌어갈 수 있지만 동물인 개에게 그런 능력은 주어지지 않았다. 유사 이래 세상을 다스린 개가 있던가? 문명의 이기를 발명하고 인류의 생활을 편리하게 해준 개가 있던가? 문자를 만들어 백성에게 가르친 개가 있던가? 그저 주인에게 충성을 다한 개 그 정도가 사람들의 입에 오르내릴 뿐이다.

공항에서 보았던 강아지의 모습이 떠오른다. 예쁜 옷을 입고 여행도 함께하며 자식보다 더 사랑받는 모습이다. 한껏 치장한 애완견을 자랑하며 사는 애견인을 나무랄 수는 없다. 개 또한 소중한 생명인 것을. 하지만 베이비 박스에 버려지는 아기도 많은 게 동시대에 벌어지는 엄연한 현실이다. 그야말로 견생보다 못한 인생이 수두룩할 판이니 씁쓸하다. 이러다가 언제가는 김아무개의 자 김멍멍, 김멍돌, 김멍순. 이렇게 개가 당당히 자식으로 족보에 오를 날이 올지도 모르겠다.

버난지와 제주어

얼마 전 인근 해수욕장 해변에 미역이 떠밀려 와서 처리에 어려움을 겪고 있다는 보도가 있었다. 미역이 수십 톤이나 대량으로 파도 따라 모래밭에 올라오는 건 전대미문의 일이다.

나는 이 뉴스를 들으면서 느닷없이 한 단어가 떠올랐다. '버난지.' 나이가 든 사람은 기억할 것이나 요즘 젊은이들에겐 생소한 낱말일 것이다.

풍랑에 저절로 뿌리가 뽑혀서 해안가에 떠밀려온 해초를 통틀어 표준어로는 풍초라고 한다. 그러니까 파도가 가져다준 미역도 일종의 풍초다. 예전에 우리 마을 사람들은 그런 미역을 올리미 또는 버난지라 불렀다. 제주어도 지역마다 다르니 버난지를 다른 지역에서는 무엇이라 부르는지 모르겠다. 올리미는 대충 올라온 미역이라는 뜻이 아닐까 짐작해보지만 버난지는 왜 그렇게 부르는지 알 수가 없다. 하지만 풍초라는 말 보다는 훨씬 정감이 있다.

  옛날에 미역은 해녀들이 목돈을 만질 수 있던 중요한 수입원이었다. 그래서 엄격하게 금채기간을 두었다가 조업 날짜를 정해 채취를 허가한다. 그 당시는 몰래 채취해가는 걸 막기 위해 감시원을 둘 정도였다. 그러나 바람이 불면 부지런한 이들은 금채기일지라도 남보다 먼저 바다에 내려가 해안선을 돌며 버난지를 주웠다. 감시원인들 뭐라고 할까. 저절로 올라온 미역인걸. 이 버난지는 차가운 물 속에 들어가 애써 미역을 캐는 수고가 없이도 물이 빠져나간 모래밭에서 줍기만 하면 되니까 말하자면 굴러다니는 돈이었다. 해녀들의 입장에서 보면 용왕님이 주시는 보너스라고나 할까? 하지만 지금은 거들떠보지도 않는다.
  앞서 말한 해수욕장의 미역 이야기도 며칠 동안 미친 듯 불어대던 바람 탓이니 말하자면 버난지 소동이다. 부지런한 이에게 주어지던 바람의 선물이 처치 곤란 쓰레기가 된 셈이다. 문득 격세지감을 느낀다. 뿐만 아니다. 버난지와 같이 일상적으로 쓰던 말이 이제는 박물관의 유물처럼 박제된 언어로 남았으니 제주어의 소멸 위기가 피부에 와닿는다.
  지나간 시절, 우리는 스스로 제주어를 버리려고 노력해왔다. 학교에서 선생님은 학생들에게 표준어를 가르치기 위해 애를 썼고 학생들은 선생님을 대할 때 서툴고 매끄럽진 않지만 꼬박꼬박 표준어를 사용했다. 아마도 제주도민 자신이 스스로 제주어를 촌스럽고 투박하다고 느낀 탓인지도 모르겠다.

그러나 세상은 변했다. 인구 감소로 인해 제주어의 화자가 자연적으로 줄어들었으며 사회가 변하면서 생활환경이 달라지고 일상적인 사용이 안 되다 보니 세대 간의 언어 전승이 어려워졌다. 그런 이유로 제주어가 지금은 보존하지 않으면 안 되는 상황이 되어버렸고 유네스코에 소멸 위기의 언어로 등재되기에 이르렀다. 언어가 사라진다는 것은 고유의 정신도 함께 소멸된다는 뜻이다. 제주어에 담겼던 문화나 전통과 풍습 등 면면이 이어져온 제주의 얼이 사라지는 것이다.

그래도 근래 들어 제주어에 대한 관심이 높아지고 있음은 참 다행한 일이다. 제주어로 시나 수필을 쓰는 등 문학작품을 통해 보존하려는 노력도 적잖게 이루어지고 있다. 제주어를 글자로 표기하는 게 너무 어려워 접근하기가 쉽지 않다는 점이 한계지만 제주어 대사가 나오는 드라마도 나올 정도니 고무적이다. 〈폭삭 속았수다〉라는 드라마가 인기리에 방영이 되었다. 아마 이제는 제주어 중 '속았수다' 라는 말은 거짓말에 속았다는 뜻이 아니라 수고했다 고생했다는 의미라는 걸 좀 더 많은 사람이 이해했을 것이다. 그냥 수고했다는 게 아니라, 진짜 많이 수고했다는 걸 강조한 '폭삭'이라는 말속에 숨은 따뜻함도 느꼈을 것이다. '폭삭 속았수다'는 인사말이다. 제목만으로도 등장인물들이 쉽지 않은 삶을 살았을 것이라는 걸 어렴풋이 느낄 수 있다. 고달픈 인생살이의 모진 풍랑을 헤치며 살아온 부모 또는 그 시대 사람들의 노고를 인정하며 건네는 투박하지만 진심이 담긴 말로 드라마의 내용을 압축하고 있는 듯 보인다.

제주어 대사 중 '살암시민 살아진다.' 이 말 역시 인생의 쓴맛을 겪어본 사람이 할 수 있는 위로다. 간간이 나오는 제주어 대사가 예사롭지 않은 이 한 편의 넷플릭스 드라마가 제주어의 외연을 확장시키는 데에 조금은 기여했다고 하면 너무 억지스러운가?

오월이다. 햇빛은 찬란하고 연둣빛 신록은 저마다 생기를 뿜어낸다. 나뭇잎이나 푸성귀의 새로 돋아난 이파리의 그 풋풋함과 싱그러움을 표현할 때 제주어로는 '어랑어랑하다'고 한다. 야들야들 부드럽고 생기가 도는 잎의 상태를 나타낼 수 있는 말 중에 '어랑어랑'이라는 제주어보다 그 느낌을 더 살릴 수 있는 말이 있을까? 또 제주 사람들은 느끼하지도 않으면서 밍밍하지도 않고 입에 착착 감기는 깊은 맛을 '배지근하다'고 말하는데 그 말을 대신할 표준어를 나는 아직 찾지 못했다. 차갑지도 않고 뜨겁지도 않은 상태의 약간 따뜻한 온도를 나타내는 '맨도롱'이라는 말 외에 딱 들어맞는 말 역시 발견하지 못했다.

  씹을수록 맛이 느껴지는 고기처럼 곱씹어볼수록 말의 맛이 느껴지는 제주어 특유의 다양하고 오묘한 형용사도, 제주 고유의 정서와 삶의 애환이 서린 정겨운 말도 버난지처럼 세월의 파도에 밀려 사라져버릴 것 같아 안타깝다. 제주를 배경으로 한 문학작품과 드라마가 많이 나왔으면 좋겠고 행정적인 지원도 아끼지 말았으면 하는 생각을 해본다.

베란다의 기적

 정원을 잘 가꾼 집을 보면 참 부럽다. 소싯적 내 집 마련의 꿈을 꿀 때 마당은 없을지라도 베란다를 나만의 정원으로 꾸미는 꿈도 함께 꾸었다. 그런데 막상 집을 마련하고 보니 식물을 가꾸는 것은 생각에 그칠 뿐이다. 세심하게 관리를 잘하지 못하는 성정 탓인지 바쁜 탓인지 시간이 갈수록 말라 죽는 화분이 늘어간다. 베란다가 나만의 정원이 되기는커녕 어수선하고 황량(?)하기만 한데 군자란 하나가 유일하게 꽃을 피운다. 그러나 시들었다 살아났다 반복되는 화초의 모습에서도 문득문득 깨닫게 되는 삶의 진실이 있다.
 어느 해 늦가을. 지인에게 보낼 축하 화분을 사러 갔다가 작은 포인세티아 화분을 덤으로 얻었다. 거실에 놓아두고 미니 램프가 반짝거리는 불빛 아래 빨간 포인세티아로 크리스마스 기분을 내보는 상상을 했다. 크리스마스 때까지 잘 자라주기를 바라면서. 그런데 곱다 못해 처연해 보이기까지 하던 진홍색이 나날이 빛이 바래더니 빨갛던 이파리는 모두 초록색으로 변해버렸다. 빨간색이 아주 없어져버린 포인세티아 이파리는 맥이 빠진 듯 볼품이 없어져서 베란다에 내놓고 말았다. 초겨울의 베란다는 햇볕도 별로 들지 않았으며 때마침 이른 한파가 찾아와 썰렁한 냉기가 느껴지는 날이 계속되었다.

크리스마스도 지나고 입춘이 지났다. 포인세티아는 겨우내 추위 속에서도 치열하게 살아남았다. 푸르딩딩하던 잎이 붉은색을 띠기 시작하였고 붉은 기운은 나날이 범위가 넓어져 갔다. 알고 보니 포인세티아는 어둡고 차가운 곳에서 생육되어야만 잎이 빨갛게 되는 특징이 있다는 것이다. 포인세티아의 붉은 색은 말 그대로 어둠과 추위와 싸우면서 생긴 단장의 아픔이었던 셈이다.

또 한번은 이런 일이 있었다. 시골에 있는 언니 집에 갔더니 채마밭에 딸기 모종을 심고 있길래 한 포기를 얻어서 화분에 심고 베란다에 두었다. 열매까지는 기대할 수도 없고 그저 푸른 잎사귀만 봐도 좋을 것 같아서였다. 얼마 동안 제대로 물을 주었더니 제법 잎이 풍성해졌다. 그것도 잠시였다. 시간이 지날수록 관심이 시들해졌다. 식물도 애정을 가지고 보살펴야 하건만 잊을만해야 물을 주니 제대로 자랄 리가 없다. 시들시들하다가 물을 주면 죽어가다가 반짝 살아나기를 여러 차례 거듭하다 보니 괜히 가져왔다는 생각이 들기도 했다.

그러던 어느 날이었다. 장기간 집을 비웠다가 돌아와 보니 당연히 말라죽었으리라 생각한 딸기는 아직 살아있었다. 게다가 꽃까지 피우고 있었으니 깜짝 놀라지 않을 수 없었다. 다 시들은 이파리 사이에서 올라온 가느다란 줄기 끝에 달린 것은 크기는 작지만 꽃이 분명했다. 이 꽃이 시들면 그것으로 끝날까 아니면 열매가 될까? 나는 그것이 무척 궁금했다. 나비도 벌도 없으니 열매를 맺을 리가 없고 혹 풍매화라 해도 바람조차 넉넉지 않은 베란다가 아닌가. 베란다 안에서 정상적으로 열매를 맺는다는 건 상상도 못 할 일이었다. 그러나 얼마 후에 꽃이 진 자리에는 파르스름한 열매가 맺혔다. 놀랍다. 이 불가사의한 생명의 신비가. 열매는 콩알보다도 더 작았다.

얼마 후 딸기는 불그스름해지더니 설마 이게 빨갛게 익으랴 싶었는데 정말로 빨갛게 익었다. 석류알보다도 작은 크기의 빨간 열매 세 개는 딸기가 아니라 보석이었고 감동이었다. 숙연한 마음이 들기도 했다. 하나의 생명이 역경 속에서도 제 소임을 다 하고자 몸부림쳤음을 그 작은 열매가 보여주고 있었기 때문이다. 그 치열하고 끈질긴 생명력이 주는 경이로움을 나만 느끼기가 아까워서 사진에 담았다. 식물이 생육하기 어려운 상황을 만나면 종족을 보존하고 번식하고자 하는 본능 때문에 오히려 꽃을 피운다고 한다. 영양제도 주고 물도 제대로 주었다면 좀 더 큰 딸기가 열렸을까?

 나는 두 번이나 베란다에서 작은 기적을 경험한 셈이다. 아픔도 아름다울 수 있다는 것을 묵묵히 보여주는 포인세티어를 보면서 고통이 주는 유익을 생각해 본다. 물 한 방울 저절로 주어지지 않는 베란다에서 목마름 속에서도 기어이 꽃을 피우고 열매를 맺은 딸기에서 역경을 이겨낸 승자의 모습을 본다. 아픔과 고통이 주는 유익이란 아마도 성숙함이 아닐는지. 사람의 삶도 마찬가지일 것이다. 꽃길만 걷는 사람이 얼마나 될까. 인생에도 어둠과 추위와 가뭄이 있을 것이니 성공이라는 것도 따지고 보면 어렵고 힘든 과정을 잘 견뎌낸 자만이 얻을 수 있는 열매다. 고통과 고뇌의 산물이다. 무엇이 식물에게 이런 기적을 가져왔을까 생각해 보니 살아야겠다는 강렬한 의지와 종족을 보존하겠다는 열망이 아니었을까 싶다.

 세상은 살기가 좋아졌고 풍요해졌지만 우리나라가 자살률이 1위라는 불편한 진실이 있다. 엊그제도 꽃다운 나이의 연예인이 스스로 세상을 떠난 소식이 전해졌다. 안타까운 마음에 혼자 중얼거린다. 힘들어도 조금만 더 참지. 만인의 연인이 아니면 어떤가. 우리 집 베란다의 하찮은 풀도 저렇게 살려고 애를 쓰는데…

몸에도 골격을 지탱하는 데 근육이 필요하듯이 마음에도 단단한 근육이 필요함을 느낀다. 딸기 한 포기가 주는 감동에서 강한 자가 살아남는 게 아니라 살아남는 자가 강하다는 말이 진리라는 생각이 들기도 한다. 꽃길이 아닌 가시밭길이라도, 진흙탕이라도 생명 다하는 날까지 살아야 하는 것이 살아 있는 자의 의무가 아닐까?

베란다로 눈을 돌리니 짙푸른 군자란 이파리가 눈에 들어온다. 잎이 두툼하고 넓적해서 물을 자주 주지 않아도 잘 자란다. 듬직한 모습으로 베란다에서 해마다 꽃을 피워주는 군자란이 참 고맙다.

바늘과 말주머니

　아주 오랜만에 단추를 달다가 바늘을 그만 꺾고 말았다. 바늘을 사용한 적이 하도 오래되어서 언제 샀는지 잘 모르겠다. 기억을 더듬었더니 아주 오래전에 지하철 안에서 천 원, 천 원하며 시시콜콜한 물건들을 팔던 장사꾼에게 바늘 한 쌈을 샀던 게 생각이 났다. 오랜 시간이 지나다 보니 더러는 꺾어지고 더러는 잃어버렸다. 바늘 한 쌈 그러니까 24개의 바늘이 다 없어진 것으로 보아 그게 이십 년 전쯤인 것 같은 생각이 들기도 하지만 가물가물하다. 겨우 하나밖에 없는 바늘이 부러졌으니 난감할 뿐이다. 단추 하나 달려고 세탁소를 찾기도 좀 그렇다. 유세차 모년 모월 모일……부러진 바늘을 애도하며 누구처럼 조침문이라도 지어야 하나.
　옛날 여인들에게 규방칠우閨房七友 중 하나로 꼽히는 바늘은 없어서는 안 될 중요한 도구였다. 조침문을 지은 과부 유씨는 오로지 바느질을 낙으로 삼고 하루하루를 보내던 중 오랜 세월을 벗 삼던 바늘을 순식간에 부러뜨리고 말았다. 그 바늘은 시삼촌께서 동지상사로 북경에 다녀오면서 사다 준 선물이었다. 그것을 친정과 친척은 물론 비복들에게도 나눠 줄 정도로 요긴한 물건인데 부러진 것은 마지막 남은 바늘이었다. 내가 조침문을 떠올린 이유도 바로 마지막 바늘을 꺾었기 때문이다.

 달랑거리는 단추는 달아야 하겠고 막상 바늘을 사려고 하니까 어디서 사야 할지도 모르겠다. 예전 같으면 어느 구멍가게에나 다 있을법한 물건인데 대형매장에서도 찾을 수 없는 물건이 되어버렸으니 새삼스럽게 격세지감이 든다. 여자가 바느질하지 않아도 살 수 있는 시대가 되었어도 바늘이 필요할 때가 있고 이 원시적인 도구가 아직까지도 존재하니 신기하기도 하다.

 인류가 옷을 만들어 입기 시작하면서 만들어낸 인류 최초의 바늘은 석기시대 유물로 전해지는 골침骨針이다. 길쭉한 어류의 뼈에 구멍을 뚫어서 바늘로 사용한 것이다. 우리나라에서 발견된 바늘 중 가장 오래된 것은 신라 분황사 석탑에서 나온 금·은제 바늘이라고 한다.

 바늘, 참 묘한 물건이다. 쇠붙이를 가늘고 뾰족하게 갈아서 구멍 하나 뚫어놓은 것뿐이지만 도구 중에 바늘만큼 간단하면서도 효용 가치가 있는 도구도 드물 것이다. 단순한 도구가 아주 오랜 세월이 흘러도 그 군더더기 없고 소박한 모습을 그대로 유지하고 있으니 놀라운 일이다. 아마도 그것은 형태가 변해야 할 필요성이 없기 때문일 것이며 변형이 필요하지 않았다는 건 그만큼 고유의 역할을 수행하기에 부족함이나 불편함이 없는 까닭일 것이다. 지혜나 진리란 것도 따지고 보면 이런 게 아닐까 한다.

다이소에 들러서 혹시 바늘이 있나 보려고 주차장에 차를 세우던 참이었다. 고성이 들려서 고개를 돌리니 한 남자와 여자가 말싸움 중이다. 차를 삐딱하게 세웠다는 게 싸움의 이유였는데 남자의 거친 언사가 싸움을 불러온 듯하다. 화가 난 젊은 여자가 따박따박 따지니 남자의 말이 더욱 거칠어졌고 뒤늦게 온 여자의 남편이 가세하면서 분위기는 더욱 험악해졌다.

나는 주차장에서 싸움 구경을 하다가 문득 사람의 세 치 혀도 바늘과 같은 존재가 아닐까 하는 생각이 들었다. 바늘은 참으로 오묘하다. 주로 찌르고 꿰매는 것이 그 역할이지만 찌르기만 한다면 바늘은 그다지 매력 있는 물건이 되지 못할 것이다. 자신을 보호하기 위한 수단으로서의 가시와 다를 바 없기 때문이다. 하지만 바늘은 꿰맨다는 위대한 역할이 있기에 여태 존속해온 게 아닌가 싶다. 상한 부위를 도려내고 다시 꿰매어 인간의 몸을 온전하게 만들기도 하고 천 조각을 이어서 옷을 만들어내기도 한다. 외과의에게 또는 패션 디자이너에게 바늘이라는 도구가 없다면 어떻게 될까?

말이라는 표현의 도구도 마찬가지다. 말로써 말 많은 이 세상에서 날카로운 말 한마디는 가시와 같이 상대방을 찌를 것이고 한 마디 위로의 말은 아픈 상처를 봉합시키기도 할 테니 말이다. 말 한마디가 한 사람의 운명을 바꾸는 일이 얼마나 많은가. 한마디의 말이 사람을 살리기도 하고 죽이기도 한다. 옷감이나 마음이나 찢어진 걸 꿰매는 일은 어려운 일이지만 모름지기 혀를 바늘과 같이 조심해서 사용할 일이로되 찌르는 역할보다 꿰매는 일에 치중해야 할 것 같다.

바늘 사러 가면서 여러 가지 생각을 하게 되었다. 남에게 상처를 주는 말은 되도록 하지 말자. 비록 입에 발린 소리일지라도 남에게 위로하는 말, 격려하는 말, 칭찬의 말로 내 입술을 채워보자. 그게 나잇값을 하는 게 아닐까 싶어서다. 하지만 늘 생각에 그친다. 남에게 선뜻 다가가지 못하고, 그저 조용히 마음속으로 생각하고, 생각한 말을 얼른 내놓지 못하는 내 성격 탓이다. 나는 나이가 들었어도 여전히 바느질에 서툴 듯이 세 치 혀를 사용하는 데도 서툴다. 직접적이지 않고 듣기 좋게 빙 돌려서 말하는 재주가 없다. 게다가 마음에 없는 소리를 잘하지도 못한다. 그렇다고 해서 누구 편을 들거나 내 편을 만들지도 못한다.

 문득 사람의 마음속에 말을 담는 주머니가 있다면 나의 말주머니가 어떤 주머니면 좋을까 그런 생각이 들었다. 무명주머니였으면 좋겠다. 본성을 숨길 수는 없으니 매끄럽고 아름다운 말이 담긴 비단주머니는 언감생심 바랄 수가 없다. 투박하더라도 진솔한 그러면서도 마음을 움직일 수 있는 말이 들어있는 무명과 같이 꾸밈없는 주머니면 좋다는 말이다. 그 주머니를 열어 가끔 누군가에게 도움이 되는 말을 해주거나 마음 아픈 이를 위로해 줄 수 있었으면 좋겠다. 내가 받은 칭찬의 말도 차곡차곡 넣어두었다가 누군가에게 돌려주었으면 좋겠고 내가 들었던 질책의 말도 사심 없이 담아두었다가 슬그머니 듣기 싫지 않게 들려줄 수 있었으면 좋겠다.

최고의 음식

　음식은 생명과 건강에 직결되기도 하지만 사람과 사람 사이 관계를 맺는 매개체 역할도 크다고 본다. 때로는 따뜻한 밥 한 끼가 마음을 움직이게 하기도 하고 때로는 입에 맞는 음식이 위안이 되기도 하며 관계를 이어주는 계기가 되기도 하니까 말이다. 흔히 '밥 한번 먹자.'로 시작되는 경우가 허다한 것이 인간관계니만큼 건강문제를 떠나서라도 우리 삶에서 음식이 차지하는 비중은 실로 어마어마하게 큰 것이다.

　며칠 전 김포공항에서 택시에 탔다. 차가 밀려서 가다 서다를 반복하게 되자 따분했던지 택시 기사가 자꾸 말을 걸어왔다. 3년 전 난생처음 비행기를 타고 혼자 다녀온 제주도 여행담을 신나게 털어놓았다. 고등어조림이 기가 막히게 맛있었고 갈치회를 못 먹은 게 제일 아쉽더란다.

"아내는 같이 살아도 강 건너 사는 사람이에요. 딸들은 반찬도 해주고 아이도 돌봐주는 엄마만 좋아하지 늙은 아버지에게는 관심도 없어요."

이건 또 무슨 말인가. 묻지도 않은 가정사까지 들먹이며 평안치 못한 속내를 내비친다. 목소리에는 섭섭함과 외로움이 잔뜩 묻어있다. 아마 모르긴 해도 나이 육십이 넘어서야 여행이란 걸 처음 했다는 걸 보면, 짐작건대 그가 짊어진 삶의 무게가 만만찮았을 것이다. 보아하니 평생 가족을 부양하느라 힘이 빠졌는데 자식들이 제각각 가정을 이루어 내외만 남았지만 찬밥 신세가 되어 홀로 겉도는 늙은 가장인 모양이다. 생면부지의 승객에게 털어놓을 만큼 소외감과 서운함이 컸던 것 같다. 식당 아줌마와 나눴던 이야기를 한참 하던 그는 이 말을 여러 번 반복했다.

"고등어조림이 정말 맛있드만요."

마치 세상에 둘도 없는 최고의 음식을 처음 먹어본 것처럼 몇 번이나 말하며 그걸 먹으러 다시 제주에 오겠다고 했다. 그게 그렇게 맛있는 음식이었던가? 물론 사람마다 입맛이 다르니 그럴 수도 있겠다 싶다. 그런데도 왠지 그 말이 의미심장하게 들렸다. 혹시 아내와 함께 고등어조림을 먹으며 관계를 회복하고 싶은 바람이 숨어있던 건 아니었을까? 이야기를 듣다가 고등어조림도 최고의 음식이 될 수 있다는 결론에 이르렀다.

만약에 입에 착착 붙었던 조림의 맛과 식당 아줌마의 넉넉함이 그의 허기진 마음을 채워주었다면 그가 먹은 것은 단순한 고등어조림이 아니라 위로다. 외로움과 쓸쓸함을 녹여주는 따뜻함이다. 머물고 싶은 분위기다. 어쩌면 냉랭하던 관계에 온기를 불어넣어 줄지도 모르는 희망의 불씨다. 그래서 그에게 고등어조림은 최고의 음식이 되었을 것이고 아직까지 그리움으로 남았을지도 모를 거라고. 물론 이것은 내 뇌피셜일 뿐이다. 남의 속사정을 내가 어떻게 알랴.

제주의 토속 음식도 진화하며 새로운 맛을 자꾸 만들어낸다. 요즘은 제주에 사는 사람보다 외지인이 더 제주의 맛집을 잘 안다. 맛있는 음식을 먹는다는 것은 커다란 즐거움이다. 그러나 이름난 맛집에서 제아무리 맛있는 음식을 먹을지라도 불편한 상대와 함께라면 최고의 음식은 아닐 것이다. 맛이라는 것도 결국 미각과 심리적인 상태까지도 충족시켜 줄 때라야 제대로 느낄 수 있는 게 아닌가 싶다. 산해진미가 아니라도 내 마음을 채워주는 음식이 최고의 음식이고, 비록 소찬일지라도 마음 맞는 사람들과 둘러앉은 장소가 최고의 맛집이며, 함께 나누는 음식이 최고의 밥상이 아닐까? 왠지 고등어

조림을 보면 가족으로부터 소외된 가장의 목소리에 묻어있던 쓸쓸함이 생각날 것 같다.

디지털 시대의 라디오 듣기

나는 드라마를 좋아한다. 일일 연속극은 잘 안 보는 편이지만 미니시리즈는 거의 보는 편이다. 월화 드라마에다가 수목극 거기다가 주말 드라마까지 보다 보면 일주일이 금방 지나곤 한다. 말도 안 되는 막장 드라마라고 욕을 하면서도 주인공이 슬프면 나도 슬프고 아프면 나도 아픈 것 같이 공감하면서 다음 회가 기다려지는 대한민국 아줌마 중의 한 사람이다.

미니시리즈가 길어지면서 열한 시를 넘기다 보니 어떤 때는 무척 피곤하기도 하다. 암만 피곤해도 좋아하는 드라마를 보지 않으면 잠이 안올 정도로 열중할 때도 있었다. 그런 날은 아침에 늘 일어나기가 힘겹고 피곤하다.

나는 텔레비전의 마술에 홀려서 매여 산 것 같은 생각이 든다. 어떤 점에서 보면 내가 텔레비전의 주인이 아니라 텔레비전이 나의 주인이었던 셈이라고나 할까?

내가 왜 사서 피곤하게 살까 스스로 한심하게 느껴질 즈음에 텔레비전이 수명을 다한 듯 지지직거렸다. 구입한 지 십 년도 넘었으니 그럴 만도 하다. 어떤 제품을 살까 고민할 즈음 예기치 않은 지출이 생겨서 텔레비전 구입을 다음 달로 미루기로 했다.

당분간이라는 단서를 달고 부엌에 있는 라디오를 틀기 시작했는데 나는 또 라디오의 매력에 빠져버렸다. 텔레비전이 소비적이라면 라디오는 상당히 생산적이었기 때문이다. 그동안 주파수를 맞추어가며 내 취향에 맞는 프로그램을 선택하고 들으면서도 기분 좋게 일할 수 있음을 잊고 살았다. 텔레비전과는 달리 일을 하면서도 얼마든지 들을 수가 있다는 이점 때문에 공연히 시간 죽였다고 후회할 일이 없었다. 청소하면서도 밥을 지으면서도 열려있는 두 귀로 열심히 뉴스나 시사 프로그램을 들으며 세상을 탐색하거나 추억의 노래를 들으며 메마른 가슴에 윤활유를 공급하기도 한다.

연예인들의 놀이터 같은 프로그램을 보면서 혀를 찰 일도 없었고 내 삶과는 동떨어진 연속극 속의 인물들을 보며 한숨 쉴 일도 없어 좋다. 무엇보다도 좋은 것은 삶이 무언지 반추해보고 공감하게 하는 프로그램이 많다는 거였다. 텔레비전이 특별한 사람이나 젊은이에 초점을 맞추었다면 라디오는 나 같은 할머니에서부터 학생에 이르기까지 모든 사람의 삶을 두루 꿰고 있다는 생각이 든다. 이를테면 텔레비전은 양념을 잘한 생선요리를 내보이는 것이라면 라디오는 파닥거리는 날 것 그대로를 보여준다는 점에서 다른 것 같다. 평범한 사람들이 늘상 참여할 수 있게 열려있는 점도 라디오가 가진 매력 중 하나일 것이다. 서민들의 삶이 그대로 녹아있는 생생한 이야기를 귀로 들으면 그게 내 이야기 같기도 하고 이웃집 사람의 이야기 같기도 해서 친근감이 든다. 텔레비전에서 한물(?) 간 가수나 개그맨들이 진행하는 맛깔스러운 프로그램도 그렇고 귀에 익숙한 목소리를 듣는 것도 그렇고 나도 그들과 동시대를 호흡하며 살아간다는 동질감을 느낄 수 있는 것도 좋았다.

그런가 하면 50년 이상 이어진 '별이 빛나는 밤'에서 세대차이와 이질감을 맛보기도 하였다. 차인태 아나운서나 김기덕이 진행하던 '별밤'을 가끔씩 들었던 나에게 요즈 젊은이가 진행하는 '별밤'이 가슴에 다가올 리가 없었다.

그래도 텔레비전 앞에 아무 생각 없이 앉아 온갖 광고들이 난무하는 모습을 멍하니 바라보다가 스스로 한심해하는 일이 없어서 아주 좋았다.

라디오를 듣다 보니 나는 텔레비전을 보면서 얼마나 이질감을 느끼며 살았는지를 확인하게 되었다고나 할까?

나는 텔레비전을 새로 사는 일을 한참 뒤로 미루었다. 어차피 텔레비전을 사기는 해야 하겠지만 이대로 살아도 좋을 것 같은 생각도 든다.

동행

내가 태어난 동네 초입에는 갈대밭이 있다. 겨울을 지나고 나면 누렇게 시들은 갈대 밑동에는 새로운 싹이 파르스름하게 올라온다. 멀리서 보면 일정하게 푸른 띠를 두른 것처럼 보인다. 아랫부분과 윗부분이 확연하게 색깔이 달라서 한 세대가 지나면 새로운 세대가 등장하는 세대교체의 모습을 확연하게 볼 수 있다.

그런 걸 볼 때마다 문득 왜 인간을 갈대에 비유하는지 알 것 같은 생각이 들곤 했다. 가을이 되면 시드는 갈대와 같이 한 세대를 살다가 때가 되면 자연의 일부가 되는 것. 사람이 산다는 것은 그러한 것이므로.

어느 여 교수의 철학 강좌에서 들은 얘기다.

부인을 넷이나 둔 한 남자가 죽음에 이르게 되었을 때 아내들에게 물었다. 누가 자기와 동행해 줄 것인지를 말이다. 넷째 부인은 미쳤냐고 소리를 쳤고, 셋째는 문밖까지 배웅하겠노라고 대답했다. 둘째 부인은 정거장까지 가드리지요, 라고 말했다.

"자네도 역시 거절할 텐가?" 그가 첫째부인에게 물었을 때 그녀는 흔쾌히 대답했다.

"물론 나야 당신과 같이 가지요."

아하 결국 그거였군. 나는 속으로 혀를 찼다. 필경은 조강지처는 남편과 고락을 같이 해야 한다는 가부장적인 이데올로기에서 비롯된 이야기일 것 같아서 말이다.

그러나 그 여교수는 말했다.

넷째 부인이 돈과 부귀 권세를 뜻하고, 셋째는 가족, 둘째는 자신의 몸을 뜻한다면 말이 되겠냐고. 그러면서 첫째 부인은 무엇을 뜻하는지 여러분이 각자 생각해 보라는 말로 끝을 맺었다.

옳은 얘기다. 돈과 이 세상 부귀권세가 죽음과 동행할 수는 없는 일이다. 아무리 고인을 사랑하는 가족이라 해도 역시 문밖까지 배웅할 수밖에 어찌할 도리가 없다. 같이 목숨을 버린다 한들 가는 길이 같겠는가? 자신의 몸 역시 정거장까지밖에 동행할 수 없다는 논리 또한 섬뜩하지 않은가? 육신도 시간이 지나면 흙으로 돌아가고 말 테니 자신과 끝까지 동행해줄 수 있는 것은 영원히 없는 셈이다. 결국 소멸뿐이다. 그렇다면 흔쾌히 동행하겠노라고 대답한 첫째 부인이 뜻하는 것은 무엇인가?

그건 아마도 종교적인 차원에서 밖에는 설명할 수 없을 것이다. 천국, 또는 극락과 지옥이 있다면 그곳에 도달하는 것은 영혼뿐일 것이니 말이다. 죽음만 그러할까? 어쩌면 살아있는 나날도 마찬가지가 아닐까 하는 생각을 해본다.

내 삶의 끝까지 나와 동행할 이가 누구인가?

철옹성같이 견고하다고 믿었던 내 삶의 성이 어느 순간 갑자기 무너져버릴 때, 나와 평생 동행해 줄 것 같았던 사람이 타인처럼 멀게 느껴질 때, 철석같이 믿었던 사람으로부터 배신을 당할 때 비바람 몰아치는 벌판에 홀로 내던져진 것같이 외로운 게 우리들 아닌가? 내 삶의 전부라고 생각하는 가족이나 자식 또한 삶의 매 순간 나와 동행할 수 없으니 배반의 연속이며 착각이 태반인 게 우리의 삶이 아닌지 모르겠다.

오랫동안 신앙생활을 해왔지만 젊은 시절의 나는 천국과 지옥은 죽어서 가는 데가 아니라 바로 내 마음속에 혼재해 있다고 믿는 편이었다. 이 세상에 사는 동안 내 주변 또는 나 자신과 화해하고 화평함을 얻을 수 있다면 그것이 곧 천국이며 곧 내 마음속의 천국을 확장해 가는 과정이 신앙이라고 믿었다. 그러므로 내 신앙의 정점은 하늘나라가 아니라 내 안에 있는 천국이었다. 죽은 다음에야 한줌의 흙으로 돌아가 자연의 질서에 순응하게 될 것이므로 영혼 같은 건 있어도 그만 없어도 그만이라는 생각이 지배적이었다는 말이다. 기독교적 관점에서 본다면 젊은 날의 내 생각은 대단히 잘못되었다.

그러나 오랜 세월이 흐르고 나이가 들면서 부모님과 가까운 친지들을 하나둘 먼저 보냈을 때 나는 생각이 달라졌다. 이곳 아닌 그곳. 그들이 돌아갈 또 다른 세상이 있다면 나 또한 언젠가 만날 소망이 있으므로. 저세상에서라도 만날 수 있다면 나는 그들에게 한 번도 하지 못했던 말을 원 없이 해볼 것이다. 당신들이 나를 사랑하였듯이 나 또한 당신들을 사랑했노라고, 내가 당신들에게 소중한 존재였듯이 당신들도 내게는 소중한 존재였었다고 말이다. 가능하면 가장 부드러운 말소리로, 가장 밝은 얼굴에 미소를 머금고 창가의 햇살처럼 오월의 바람처럼 그들에게 다가갈 것이다.

육신의 존재가 영원히 소멸되어 자연의 일부로 되어버렸을 때 영혼이나마 남아있어 어디에선가 존재할 수 있다면 얼마나 좋으랴. 어렸을 적 로미오와 줄리엣을 처음 읽었을 때 그들의 죽음이 너무나도 안타까워서 하늘나라에서나마 영원히 행복하게 살았으면 좋겠다는 생각을 했었다. 영화에서 사랑하는 남녀가 사랑을 이루지 못하고 헤어지는 마지막 장면을 보았을 때 그들이 언젠가는 다시 만나서 사랑을 이루기를 바라는 것처럼 말이다.

성서에 나오는 거지 나사로처럼 이 세상에서 누릴 수 있는 것을 누려보지도 못하고 고통받던 사람이 안식할 수 있는 특별한 곳이 존재한다면 얼마나 좋으랴. 이 세상에서 가장 슬프고 고난받던 사람들을 위한 기쁨의 자리가 마련되어 있거나 그들의 눈물과 땀으로 지어진 수정처럼 맑고 거룩한 성이 있어 그곳에 살면서 지상에서 흘린 눈물의 양만큼 저세상에서 웃음으로 보상받을 수 있다면 얼마나 좋을까.

나는 주변 사람들 특히 삶이 고달파 마음고생을 많이 했던 이들이 세상을 뜰 때마다 그런 생각을 많이 하곤 한다. 부귀영화를 누리며 행복하게 살았던 사람들과는 차별화가 되는 저세상이 존재해야 공평한 거라고.

어떤 사람들은 천국이란 어쩌면 존재의 소멸을 두려워하고 불멸을 기원하는 인간의 간절한 염원이 만들어낸 허상일 거라고 주장할 수도 있겠지만 어디선가 존재하리라는 믿음으로 위안을 받을 수 있다면 그 또한 의미 있는 일이 아닐 수 없다. 죽음이 죽음으로 끝나지 않고 나라는 존재와 끝까지 동행할 수 있는 그 무엇이 있어 가야 할 목적지가 있다면 그것은 곧 소망이기에 말이다.

나무가 좋은 날에

만추의 거리.

저물어가는 하늘은 가을 단풍에 물이 들었다. 늘어선 가로수 역시 저녁노을이 내려앉은 듯 붉다. 보도블록 위에 붉고 노란 낙엽이 소소하게 부는 바람에 굴러다니고 나는 일부러 낙엽이 쌓여있는 곳만 골라서 밟는다. 바스락거리는 소리가 듣고 싶어서다. 미장원과 세탁소와 호프집과 그런저런 가게들이 들어선 우리 동네 거리지만 마치 아름다운 숲길을 걷는 듯한 착각에 빠진다. 도심 한가운데였음에도 불구하고 나무들은 건물이 바람을 막아주어서 그런지 제각각 곱게 물들어 그림같이 아름답다. 도심 속 가을 길이다. 거리에 쭉 늘어선 가로수가 무슨 나무인지 이름은 잘 모르지만 이파리는 참나무를 닮았다. 갈참나무? 졸참나무? 도토리? 상수리? 조밥?

이파리가 작긴 하지만 참나무와 비슷해서 속으로 아는 이름을 다 헤아려본다. 그저 참나무과에 속한 나무일 것이라는 추측을 혼자 해볼 뿐이다.

잠시 소녀 같은 감상에 젖어서 나무 밑에 멈춰 선다. 올려다보니 나뭇가지 하나하나가 참 아름답다. 어느 화가가 저렇게 가지를 하나하나 멋스럽게 그릴 수 있을까? 나뭇가지 하나를 봐도 세상을 창조하신 분의 솜씨가 경이롭게 느껴진다. 나는 분재나 정원수와 같이 사람의 손으로 잘 다듬어진 나무를 좋아하지 않는다. 산이나 들에서 자연스럽게 자란 나무가 더 정감이 있다. 인위적인 아름다움보다는 자연스러움이 더 좋다. 바닷가 근처의 나무들은 바람이 불어가는 방향으로 가지가 휘어진다. 그 모습은 어떤 솜씨 좋은 정원사의 손으로 다듬는다 해도 그런 모양을 내기가 어려울 정도로 멋스럽다.

어느 순간부터 꽃보다 나무를 더 좋아하게 되었다. 화려하게 아름다운 걸로 치자면 나무가 꽃에 비할 수 있을까마는 왜 그런지 나이가 들수록 나무에 더 정이 간다. 모든 꽃의 아름다움은 순간이다. 덜 아름답더라도 순간의 아름다움보다는 한결같음을 유지하며 오래 볼 수 있다는 것이 나무가 더 좋은 이유다.

아름답지 않은 꽃은 없지만 아름답지 않은 나무도 나는 본 적이 없다. 구부러진 나무는 구부러져서 더욱 멋스럽고 곧게 자란 나무는 곧은 대로 기상이 있다. 큰 나무는 큰 대로 작은 나무는 작은 대로 아름답다. 봄이면 신록으로 단장한 나무는 생기가 넘쳐서 좋고 여름이면 그 왕성한 생명력과 풍성한 그늘이 좋으며 만산홍엽의 가을 나무는 말할 나위 없이 아름답다. 겨울 역시 마음을 비우듯 욕심을 떨쳐버리듯 헐벗은 나목이 그것대로 아름답다.

 나무는 외양도 아름답지만 삶의 모습 역시 아름답다.
 치열하게 물과 양분을 빨아올리고 싹을 틔우고 꽃을 피우며 열매를 맺는 일련의 과정 역시 사람이 사는 모습과 별반 다르지 않다. 태풍이 휩쓸고 지나간 자리에 가지가 부러져도 의연히 서 있거나 잘려 나간 밑동에서도 싹을 내미는 것 또한 온갖 인생풍파를 견디며 사는 인간의 모습이나 다를 것 없기에 배울 점도 많다.
 나무에게 있어서 봄과 여름은 해야 할 일을 계획하고 실행하는 단계라면, 가을은 질풍노도의 시기와 불같은 열정의 순간을 거쳐 온 지난날을 돌아다보며 차분히 정리하는 시간일 듯하다.
 겨울은 어떤가?
 나무는 모든 걸 내려놓는다. 견디며 내일을 기약할 뿐이다. 희망의 전 단계가 기다림이며 인내라는 걸 나무는 온몸으로 보여주기에 아름답다.

나무는 늙을수록 더 품격이 있다. 사람도 나무처럼 늙어갈 수 있다면 얼마나 좋을까?

나는 이상하게도 늙은 팽나무를 떠올리면 곱게 늙은 노인 모습이 겹친다. 동네 조무래기들이 몸뚱어리에 못과 같은 뾰족한 물건으로 닭발개발 낙서해도 개의치 않고 사나운 비바람이 할퀴어서 가지가 부러져도 한결같이 넉넉한 모습으로 그늘을 드리우고 서 있는 팽나무. 마치 인품이 있고 마음이 여유로운 할머니 할아버지 같지 않은가? 나만의 느낌이니 가당찮은 비유라고 비웃어도 괜찮다.

아, 내가 다니던 초등학교의 삼백 년도 더 된 팽나무는 잘 있을까?

꽃무릇을 바라보며

 마음이 복잡할 때 나는 동네에 있는 공원을 찾는다. 나무도 많고 동산도 있고 운동 시설도 있어서 사람들이 많이 찾는 곳이다. 나무 사이를 혼자 거닐면서 마음을 정화시킨다. 풀 한 포기 나무 한 그루에도 창조주의 위대한 솜씨가 깃들었음을 느껴보는 이 시간이 나에게는 힐링타임이다. 복잡하고 분주한 마음에 쉼표를 찍고 심호흡하는 것 같은 시간이랄, 잠시 일상을 내려놓고 무심해지는 순간이랄까 아무튼 그렇다.
 꽃무릇이 군락지처럼 무리지어 피었던 동산에 올랐다.
 지난 가을에 처음으로 공원 한쪽 동산을 붉게 물들였던 꽃무릇을 보며 감탄했던 기억이 새롭다. 선운사 꽃무릇이 그리도 곱더니 그 곱던 광경을 우리 동네서 볼 줄이야. 수백 개도 더 될듯한 연둣빛 꽃대가 죽순처럼 솟아오른 모습이 장관이었다. 무엇이 급한지 잎이 나오기도 전에 거무스름한 흙을 뚫고 나와 쑥쑥 자란 꽃대. 그 끝에 달린 바람개비처럼 달린 붉은 꽃. 마치 땅속에서 끓어오르는 열정을 도무지 참지 못하여 순서를 지킬 새도 없이 박차고 나온 듯한 모양새다. 붉은 동산에서 감탄사가 절로 나왔지만, 화무십일홍 열흘 붉은 꽃은 없다더니… 과연 그랬다.

며칠 후에 보았더니 그 붉던 꽃의 영광은 거짓말처럼 사라지고 영광이 다한 자리에는 시든 꽃잎의 잔해만 남아있었다. 꼿꼿하던 꽃대가 힘이 다한 듯 이리저리 드러누운 모습이 태풍이 지나간 자리 같았다. 화려한 날의 꿈은 아주 사라진 건가? 그러나 한겨울이 지나고 보니 그렇지는 않았다. 그 자리에 잎이 무성했다. 꽃무릇 이파리의 짙푸른 존재감이 새삼 돋보였지만, 그 잎들도 봄이 되자 말라버리고 말았다. 여름엔 잡초만 무성하여 다시 꽃은 볼 수 없을 것 같은 모습이었다. 그래도 땅속에는 구근이 있을 것이니 번식은 계속될 것이요 꽃의 영광은 다시 재연될 것이라는 추측은 올해 초가을이 되자 현실이 되었다.

이 세상을 만드신 분은 장난기가 좀 있으셨나 보다. 대부분 식물이 잎부터 나오고 꽃이 피고 열매를 맺고 씨앗을 남기는 게 순서인데 그 순서를 슬쩍 바꿔버렸으니 말이다. 꽃무릇도 조물주가 만들어 놓은 그 시스템대로 돌아가다가 9월이 되자 꽃이 먼저 피었다. 땅속에서 또 잎이 나오고 이듬해 봄을 맞을 것이다. 다른 꽃들이 만개하는 찬란한 오월에 잎이 시드는 것도 묘하다. 이와 같은 일이 해마다 반복될 것이니 꾸준히 번식하면서 세대교체를 이루어갈 것이다. 하찮은 식물도 이렇게 생육하고 번성하라는 조물주의 명령을 충실하게 이행하는 셈이니 생명의 신비는 사람의 생각이나 지혜를 뛰어넘는다.

꽃무릇. 이름마저 예쁘다. 어렸을 때도 보았던 꽃이다. 도로변 풀숲에서 초가을에 한두 개씩 보이던 꽃인데 우리 동네 어른들은 '도채비꽃'이라 불렀다. 왜 하필이면 예쁜 꽃을 보면서 도채비(도깨비)를 연상했을까? 생각해 보니 일견 이해가 가기도 했다. 풀숲에서 어느 날 불쑥 마늘종 같은 꽃대가 솟아 나온다. 이파리도 없는데 꽃을 피운 다음 사라지니 도깨비 같잖은가? 물론 내 생각일 뿐이니 억지로 갖다 붙이지 말라고 해도 할 말은 없다. 꽃무릇 잎사귀가 무성한 동산에 앉아 이런저런 생각을 하다 보니 꽃이 피고 지는 과정과 부모로서의 시간이 불현듯 겹친다.

불꽃같은 젊음은 잠깐이요 책임져야 할 무게와 시간은 무겁고 길다. 책임의 무게가 무겁고 감당하기 버겁기에 결혼하지 않는 마음도 이해가 가고 아이를 낳지 않는 마음도 이해는 간다. 희생을 택할 것인가 편안함을 택할 것인가 선택의 문제인 셈이다. 그러나 부모로서의 그 길고도 버거운 시간이 결코 무의미하지 않다는 걸 꽃무릇을 보면서 다시 깨닫는다. 사람의 눈에는 보이지는 않지만 구근은 긴 시간 어두운 땅속에 묻힌 채 다음 세대를 준비한다. 마침내는 그 열망이 무르익어 꽃을 피운다. 부모로 산다는 것도 그런 것이 아닐까? 우리 부모님들이 우리를 키울 때는 지금보다도 더 어려운 시절이었다. 한겨울 폭설 같은 가난 속에서 비바람 같은 고생을 묵묵히 견디며 우리를 키우셨다. 부모님에게 우리는 희망이었고 푸른 잎이었고 붉은 꽃이었을 것이다. 꽃과 나무가 없는 자연도 삭막하려니와 아이가 없는 세상도 그러하다. 세상은 날로 발전하지만 세대가 지날수록 점점 암울해지는 느낌이다. 세월이 흐를수록 좋은 세상이 아니라 점점 이상해질 것 같다.

꽃무릇의 잎은 칼바람 추위를 꿋꿋이 견디고 봄볕이 따사로운 날까지 푸르름을 유지하다가 그들의 소임을 다한 후 창조주의 섭리를 따라 시들어갈 것이다. 마치 모진 고생 무릅쓰며 우리를 키워주신 부모님이 흙으로 돌아가듯 자연으로 돌아가는 것이다.

산책길 나뭇가지에 앉아 지저귀는 새소리가 아이들의 재잘거림처럼 들려온다. 하늘이 유달리 푸른 어느 날 오후에…

제3부
〈칼럼 1〉

창문 밖 세상에는

손안에 있는 세상

 컴퓨터가 상용되면서부터 세상이 완전히 달라졌다. 예전엔 어떻게 업무처리를 했는지 기억조차 가물가물하다. 첨단 제품 하나가 이렇게 세상을 바꾼다. 통화 기능에 인터넷까지 장착한 핸드폰 역시 우리에게 신세계를 경험하게 해준 물건이다.

 각종 앱을 다운로드하면 핸드폰 하나로 온갖 것을 다 섭렵할 수 있으니 새로운 세계가 손안에 있는 셈이다. 불과 이삼십 년 전만 해도 전혀 상상하지 못한 일이다. 모르는 사람끼리도 서로 소통하고 대화를 나눌 수 있으니 또 얼마나 좋은가. 종일 '카톡 카톡' 소통하자고 신호가 울린다. 소통의 도구로서는 그만이다. 무언가를 기다리는 무료하고 답답한 시간 멀뚱거리며 앉아있기보다는 유튜브라도 보면 한결 수월하다. 그런데 핸드폰 때문에 정작 가까운 사이에는 대화가 힘들어지는 문제도 발생하는 것 같으니 참 아이러니하다.

어느 날이었다.

점심을 먹으려고 냉면집으로 들어갈 즈음 회사 로고가 새겨진 똑같은 옷을 입은 사람들이 서너 명이 들어왔다. 식성에 따라 냉면을 시키더니 각자 핸드폰을 꺼냈다. 모두들 음식이 나올 때까지 말없이 핸드폰을 들여다보며 무엇엔가 열중했다. 이윽고 냉면이 나왔다. 후르륵 후르륵. 역시 말없이 먹었다. 먹는 속도가 다 다르니 마지막 사람이 다 먹을 때까지 기다리며 핸드폰에 열중하는 모습이었다. 그들은 통 말이 없었다. 아무리 출근해서 퇴근할 때까지 얼굴을 대하는 사이라고 해도 하다못해 "이 집 냉면 맛이 괜찮네." 아니면 "물냉면보다 비빔냉면이 더 맛있어 보인다." 이런 말이라도 오고 갈 법한데 각자 핸드폰과 놀다가 계산만 하고 나갔다. 모녀로 보이는 옆자리 손님도 마찬가지다. 딸은 핸드폰 삼매경에 빠졌다. 엄마는 하고 싶은 말이 있는지 자꾸 말을 걸어 보지만 딸은 듣는 체 마는 체한다. 결국 엄마는 제풀에 지쳐서 포기하는 눈치다.

소통과 단절이 공존하는 양상이다. 그들은 함께 있지만 각자 따로 움직이는 개체일 뿐이고 고독한 군상에 다름이 없었다. 요즘 세태의 한 단면이 아닌가 한다. 나 역시 다 큰 자식들이 핸드폰을 들여다보고 있으면 말을 걸기가 어렵다. 다른 가정에서도 예외가 아닐 듯하다. 가족 간 대화 대신 각자 핸드폰으로 타인과 일상을 공유하고 살가운 대화보다는 각자 자기 방에서 핸드폰을 들여다보는 게 더 익숙한 풍경이지 싶다. 가족끼리 대화가 고플 수도 있겠다. 대화의 단절은 소통의 어려움을 가져오고 자칫하면 세대간 소통의 단절로도 이어질 수 있을 것이다. 소통의 부재는 필연적으로 갈등을 야기할 수밖에 없다. 소통의 기본은 경청이나 요즘 젊은이들은 어른들의 말이나 의견에 꼰대니 라떼니 하면서 세대가 다르다고 미리 귀를 닫아버린다. 경청조차 거부당하는 시대가 되어버렸다.

소통의 도구가 가장 가까이 있는 사람과는 오히려 대화를 단절시키는 데 일조하고 있는지도 모르겠다. 여러 가지 첨단기기들은 더 나은 삶을 위해 생겨났지만, 인간이 어느덧 기계에 삶을 맞춰가는 시대가 되어버렸다. 변화에 따를 수밖에 없다. 나 역시 핸드폰과 노는 시간이 많아졌다. 내 손안에 있는 세상은 대화가 넘쳐나지만 그래도 단톡방의 겉도는 대화보다는 눈빛과 표정을 마주하고 여전히 가까운 사람끼리 주고받는 대화가 그립다.

—《뉴제주일보》 2023. 9. 17

키오스크와 서빙로봇

　세상이 참 빠르게 변하니 어제가 옛날이다. 카페나 음식점에 가서도 키오스크로 주문하는 시대가 되었다. 디지털 기기를 잘 다루지 못하는 나는 키오스크를 보면 머뭇거려진다. 낯선 세계에 들어선 이방인처럼 기계 앞에 선 나는 그저 세상 물정에 어두운 사람이 된다. 사용법이 그리 어려운 것도 아니다. 말로 묻는 방식은 아니지만, 직원이 주문받는 것과 별반 다를 게 없음에도 불편함을 느끼는 건 아마도 심리적인 거리감 때문일 것이다. 익숙하지 않은 것에 대한 약간의 두려움을 떨쳐버리고 그럭저럭 사용법에 익숙할 즈음 나는 어느 음식점에 앉아 서빙 로봇이 가져다주는 음식을 먹었다.
　유심히 살펴보니 주방 쪽에서 사람이 세 개의 트레이 위에 음식을 올려놓고 서빙 모드로 바꾸면 로봇은 손님들 사이로

요리조리 자율주행을 하며 부지런히 테이블 앞으로 음식을 나른다. 그뿐만 아니라 직원이 빈 그릇을 올리고 퇴식 모드로 바꾸면 로봇이 알아서 척척 퇴식구로 가져간다. 음식을 올리고 내리는 데는 사람 손이 필요하니까 엄밀히 말하자면 로봇이라기보다 자율주행 운반기 정도지만 그래도 놀랍다.

요즘은 치킨을 튀겨내는 로봇도 있다고 한다. 삼복더위에 불 앞에서 구슬땀 흘리는 일을 로봇이 대신하니 획기적인 일이 아닐 수 없다. 로봇은 아니지만 기계가 알아서 몇 초 안에 김밥을 말고 썰어주는 김밥집도 있고 감자 깎는 일도 자동화된 기계가 척척 해내는 감자탕집도 있다. 요즘 음식점 주방의 혁신이 혁명적(?)이다. 업주로서는 로봇이 무단결근 할 리 없고 기계가 지각 조퇴할 일 없으니 골치 아픈 직원 관리를 덜 해도 된다. 구인난도 해결되고 인건비도 절약되니 얼마나 좋은가. 로봇 하나가 두세 사람을 고용하는 효과가 있다니까 마다할 이유가 없겠다. 렌트도 가능하고 한 번 투자로 장기간 사용이 가능하니 이제 조리 로봇이나 서빙로봇은 키오스크처럼 업계에 보편화가 될 날도 멀지 않았다.

우물물을 길어다 땔감으로 밥 해 먹고 등잔불 밑에서 공부하던 아이가 불과 60여 년 지난 지금 로봇이 가져다주는 밥을 먹고 있으니 격세지감이 든다. 세상이 바뀌고 삶이 변화된 정도로 치자면 장구한 세월이 흘렀음 직한 데 불과 몇십 년 만에 이렇게 변했다. 판타지 소설에나 나옴직 한 일들이 현실이 되었으니 혹시 일손 구하기 힘든 농촌에도 김매는 로봇, 귤 따는 로봇이 등장할 날도 오지 않을까? 문득 이런 생각이 들기도 한다. 그러다 만약 로봇이 일자리를 다 차지해 버리면 사람들은 뭐하면서 살지? AI가 각 분야를 지배하고 로봇이 사람 대신 일을 한다고 무조건 좋아할 일만은 아닌 것 같기도 하다.

산업혁명이 일어났을 때 기계화로 수많은 사람이 일자리를 잃자 공장으로 몰려가서 기계를 파괴했던 러다이트 운동(Luddite movement)처럼 로봇과 사람이 일자리를 놓고 치열한 싸움을 벌일지도 모를 일이다. 그러나 사람이 기계에 저항하거나 말거나 디지털 기술은 더욱 발전할 것이고, 로봇은 우리 생활에 두루 쓰이며 더욱 빠르게 확산될 것이다. 의식이 변화하는 속도가 세상이 변화하는 속도를 따라가지 못하니 키오스크 앞에서 허둥대던 내가 앞으로 또 어떤 세상을 만나게 될까 궁금하기도 하고 또 얼마나 작아질까 두렵기도 하다.

—《뉴제주일보》 2023. 12. 3

진짜 사나이

　신문에서 보았는데 오래 기억에 남는 인터뷰 기사가 있었다. 어느 산업잠수부가 수중작업을 하다 사고로 한 손을 잃었다. 그는 손이 없어졌음에도 불구하고 항상 손이 아프고 시린 것을 느끼는 환상통에 시달렸다. 그는 그 통증을 이기고자 전국의 해안을 돌며 쓰레기를 치웠다. 제주도에 와서도 자비로 열 달 가까이 방을 얻어 생활하면서 치운 쓰레기가 5,000포대가 넘는다고 했다. 어마어마한 양이다. 그러나 해양쓰레기는 아무리 치워 봐도 표가 나지는 않았을 것이다.

　파도는 날마다 엄청난 쓰레기를 몰고 올 것이기에 말이다. 북태평양에는 우리나라 면적의 15배가 넘는 약 155만km^2 넓이의 거대한 쓰레기 섬이 있다고 한다. 그곳엔 일본과 중국에서 온 쓰레기도 많다는데 조류를 따라 떠다니는 쓰레기가 어딘들 못 가겠는가.

　이거 봐. 나 여기 다 치웠어. 어때? 깨끗하지? 이런 식의 생색내기는 애당초 틀린 일인데 보수도 없이 궂은일을 한 그를 사람들이 고마워했을까? 그런데 어디서든 별로 환영을 못 받았다고 한다. 때로는 왜 미리 통보도 없이 일을 벌이냐는 핀잔까지 들었다고 하니 그저 씁쓸할 뿐이다. 그런데도 그는 왜 이 일을 계속할까? 군에서 배운 기술이 평생 자산이 되어 중산층으로 살게 되었고 자식을 잘 키워 결혼까지 시켰으니 나라의 고마움에 보답할 뿐이란다. 기사를 읽는 동안 진짜 사나이라는 노래가 머릿속에 느닷없이 떠올랐다. 그가 UDT 출신이라고 해서 그런지도 모른다.

　"나라가 가난했거나 산업화되지 않았으면 어떻게 산업잠수부를 고용하는 직장이나 일자리가 있었겠습니까?"

　그의 말이 진실로 나에게 잔잔한 감동을 주었다. 나 역시 너나없이 가난했던 시절에 국가보조금을 받으며 대학에서 배운 것으로 평생을 먹고 산 까닭에 그 말의 울림이 길었다. 솔직히 말하자면 부끄러웠다는 말이다. 나라고 해서 나라에 대한 고마움이 없는 건 아니다. 하지만 그것은 가슴이 느꼈다는 것일 뿐 손과 발에 이르지 못했다. 그래서 부끄럽다. 봉사는 아름답고 정의로운 말이 아니라 구체적이고 실천적인 행동이다. 알맹이 없는 말의 성찬이 넘쳐나는 시대지만 그에게 순수성을 의심할 여지는 없어 보였다. 진짜 애국자요 진정한 봉사자라는 생각에 마음속으로 고개를 숙였다. '당신이야말로 진짜 사나이입니다.'라고.

산업화 시절의 그늘만 부각되고 있지만 나라가 가난했다면 오늘날 우리가 풍족한 삶을 누릴 수 있었을까? 최빈국의 경험을 했던 우리가 산업화의 양지쪽에서 따사로운 햇볕을 쬐며 살아온 것은 부인할 수 없는 사실이다. 그동안 너무 그 햇볕의 고마움을 잊고 살았지 싶다. 요즘은 그 의식하지도 못하던 햇볕이 기울어지지나 않을까 걱정하는 소리도 들린다. 이런 말을 한다고 꼰대라는 소리를 들을지도 모르지만 요즘 현실이 그렇다는 말이다.

기사를 다 읽고 신문을 접을 즈음 문득 이런 생각이 들었다.
이런 국민을 가진 나라라면 대한민국은 멋진 나라가 아닌가. 나라를 이끌고 발전시키는 것은 소수의 엘리트일지 모르지만 나라를 유지해나가는 건 이런 민초들이 있기에 가능한 것이다. 수많은 외세의 침략을 당하면서 나라가 어려움에 빠졌을 때 자발적으로 일어났던 민초들의 저력을 기억해 보면 그렇다.

국회는 밥그릇 싸움에 바쁘고 권력 주변에 숨겨졌던 일들이 들통이 나면서 나라 안이 온통 뒤숭숭하고 시끄럽다. 하지만 아무리 우물물이 더러워졌더라도 그 안에 퐁퐁 솟는 한 줄기 맑은 물이 있다면 그래도 언젠가는 정화되지 않을까? 올해에는 세상을 맑게 하는 진실한 사람들의 이야기가 더 많이 들려오기를 소망해 본다.

—《뉴제주일보》 2020. 1. 7

엉물의 추억

 우리 동네 끝자락에는 '엉물'이라는 용천수가 있다. 지금은 옛 모습을 찾아볼 수 없지만, 예전에는 호호백발 할머니부터 예닐곱 살 여자아이까지 모여 빨래도 하고 목욕도 하던 곳이다. 물이 퐁퐁 솟는 위쪽에서는 목욕을 하고 아래쪽에서는 '팡'이라 부르는 넓적한 바윗돌 위에서 빨래를 했는데, 물이 맑은 위쪽의 '팡돌'을 차지하려고 눈치를 보던 기억이 새롭다.

 물이 있는 곳에 사람들이 모여들어 마을이 되었으니 우리 동네뿐 아니라 어느 마을이나 이런 곳이 몇 군데쯤은 다 있을 것이다. 제주 도내의 수많은 용천수 가운데 현재는 절반 정도만이 그 형태를 유지하고 있다고 알려진다.

 근래에 제주도에서는 용천수를 친환경적으로 복원·정비

하고 역사성을 부각시킬 수 있는 콘텐츠를 개발하고 있다고 한다. 도민뿐만 아니라 관광객에게 널리 알릴 수 있는 체험시설을 설치하기 위하여 용천수 복원사업과 더불어 역사·문화적 가치를 활용할 계획이라고 하니 어떤 콘텐츠가 나올지 궁금해진다.

오래전 우연한 기회에 용천수 탐방 가게 되었는데 조천에는 이미 용천수를 따라 역사탐방길 조성사업을 추진하고 있었다. 탐방로를 따라 여자들이 사용하던 큰물, 남자들이 목욕하던 족은 돈지물 등의 크고 작은 용천수를 돌아보았다.

큰물의 겉모습은 우리 동네 엉물과 별반 다름이 없었다. 둘러진 돌담은 울퉁불퉁하지만 정겨웠다. 얼음물처럼 차갑던 엉물의 기억을 떠올리며 안으로 들어가 보았다. 하지만 막상 안으로 들어가 보니 내가 생각했던 모습과는 많이 달랐다.

바닥에는 기계로 깎은 돌판을 장기판처럼 일정하게 깔아놓았는데 목욕탕 비슷한 느낌을 받았다. 팡돌 사이로 물이 흘러가는 빨래터에서 재잘거리던 어린 시절의 기억은 산산이 흩어져 날아가 버렸든가 아니면 먼 바다로 떠내려가 버린 것 같은 기분이었다.

그립다. 설촌 이래 오랜 세월을 수많은 여인이 '막개'라 불리는 방망이로 두들기고 손으로 비비고 주무르며 빨래하는 동안 닳고 닳아서 반들반들했던 팡돌들. 옛날에 있던 그 팡돌들은 다 어디로 간 걸까?

　유력한 명관이 추대되면 물이 용출되고 그렇지 않은 이가 추대되면 금방 말라버렸다는 대정 우물터에 가서도 비슷한 느낌을 받았다. 우물 주변은 돌담을 쌓았고 정낭까지 갖추어 옛날 모습을 재현하려고 애썼는데 우물로 들어가는 입구의 계단은 아주 현대식이었다. 옛날에 우물로 내려가는 길은 아마도 그냥 흙길이었거나 대충 높이와 길이를 맞추어 쌓은 돌계단이 아니었을까 싶은데 대리석처럼 매끈하게 기계로 깎아 낸 돌판으로 되어 있었다.

　모든 인공물이나 구조물은 세월의 힘 앞에 본래의 모습을 잃게 마련이다. 원형 그대로 보존하거나 복원해야 할 가치가 있는 것이라면 그것은 곧 그 고유성 때문일 텐데 고유성을 잃는다면 복원의 의미와 가치가 퇴색하게 됨은 물론이다. 문화재나 옛 시설물을 아무리 옛 모습 그대로를 재현하려 해도 분명히 한계는 있을 것이다. 세월의 강물을 따라 떠내려간 삶의 흔적을 찾는 일인데 어떻게 쉬울 수가 있겠는가. 오랜 세월 흘러간 시간을 되돌리는 작업인데 어려움이 왜 없겠나.

　그럼에도 불구하고 옛것을 복원하는 데는 철저한 고증이 필요하고 최대한 원형을 살리려고 애쓰는 정신이 바탕이 되어야 할 것이다.

　만약에 그렇지 못하다면 얼굴에는 연지 곤지를 찍고 머리에는 족두리를 썼는데 몸에는 드레스를 입은 새색시 모습을 보여주며 "옛날에 신부들은 이런 차림이었어."라고 말하는 것과 같은 일이 될 테니 말이다.

    그렇지 않아도 난개발로 점점 제주의 모습을 잃어가는 요즘이다. 마을을 이루는 근간이 되었던 용천수 복원도 진짜 제주의 진면목을 드러내는 가치 있는 작업이 되었으면 한다.

엄근진을 아십니까?

여학생 서너 명이 내 앞에 걸어가고 있었다.
"영어쌤이 약간은 엄근진 아냐?"
주고받는 대화가 들려온다. 들을 생각은 아니었지만 들려오는 데야 어쩌랴. 그런데 듣고 보니 참 요상하다. 아마도 영어 선생님 이름인 것 같은데, 엄근진이면 엄근진이지 약간은 엄근진이라니. 이 무슨 고약한 말버릇이냐. 속으로 못마땅해 하면서 걷고 있는데 들려오는 대답 또한 아리송하다.
"처음만 그렇지, 친해지면 괜찮다네."
아하. 나는 그제야 '엄근진'이 이름이 아닐지도 모른다는 걸 어렴풋이 깨달았다. 하도 신조어나 줄임말이 판을 치는 세상이라 그러려니 했다.
여학생들의 화제는 돌고 돌다가 시험으로 바뀌자 어떻게

쉬지 않고 공부만 하라는 건지 모른다고 불평이 쏟아져 나왔다. 한 아이가 불쑥 "스라벨!" 하고 외쳤다. 그러자 다른 아이들이 입을 모아 응원구호라도 외치듯 소리쳤다.

"스라벨! 스라벨! 스라벨!"

그들의 말이 참 낯설다. 내가 마치 과거 조선시대를 살다가 시공을 초월하여 현재로 이동한 사람 같다. 한 나라 안에서 내가 알아들을 수 없는 말들이 많다는 것에 대해 적잖이 당황스러웠다. 워라벨 쯤은 알겠는데 스라벨은 또 뭔지…

집에 와서 인터넷을 검색해보니 스라벨이란 '워라벨' 즉 일과 삶의 균형을 뜻하는 영어의 '워크 앤 라이프 밸런스(Work & life balance)'에 일 대신 공부를 집어넣은 '스터디 앤 라이프 밸런스(Study & life balance)'라는 신조어란다.

엄격하고 근엄하고 진지한 사람을 일컫는 말이 엄근진이라는 사실도 처음 알았다. 남들은 다 아는 걸 나만 몰랐을까? 젊은 아이들과 대화할 기회가 별로 없었으니까 그럴 수도 있겠다는 생각도 들었다. 솔직히 이 글을 쓰면서도 조심스럽다. 아직까지 그런 것도 몰랐냐고 핀잔을 들을까 봐.

언어는 시대에 따라 소멸하기도 하고 생성이 되기도 하니 신조어에 대해 뭐라고 할 생각은 없다. 신조어는 새로운 것을 표현하기 위해 만들어졌기 때문에 재미있기도 하고 창의적인 부분도 분명히 있다. 또 문자로 소통할 때 줄임말의 필요성도 인정한다. 카톡으로 대화할 때 고지식하게 쓰다 보면 상대방이랑 대화가 이어지지 않아서 난감할 때도 종종 있으니 말이다. 그래서 축약의 필요성을 충분히 공감한다. 그러나 우리말의 참뜻과 형태를 파괴하면서까지 과도하게 축약해서 쓸 필요는 없다고 본다.

검색하다가 '꽐도네넴띤 완면하고, 음쓰 버리러 갔다.'라는 대목에 이르러서는 '햐아.' 감탄사도 아니고 한숨도 아닌 기묘한 소리가 내 입에서 절로 나왔다.

번역(?)하자면 팔도비빔면 한 그릇 깨끗이 다 먹고 음식물쓰레기를 버리러 갔다는 뜻이다. 꽐도네넴띤은 팔도비빔면을 뜻한다는데 글자의 형태, 즉 획을 변형시킨 경우라고 한다. 이렇게 본래의 단어를 알아볼 수 없을 만큼 계속 변형을 시킨다면 우리말의 정체성은 사라지고 말 것이다.

언어 환경이 이렇듯 점점 나빠져 가고 있는 데는 방송도 한몫하고 있다고 본다. 국적 불명의 줄임말이나 신조어를 자막으로 쓰는데 맞춤법을 아예 무시하고 쓰는 경우도 다반사다. 이런 현상은 특히 예능 프로그램이 심하다. 아무리 재미를 추구한다 해도 영향력이 큰 방송에서 아름다운 우리 말과 글을 이렇게 함부로 써도 되나 싶다. 올바른 언어 사용을 선도해야 할 방송이 요즘은 언어의 파괴를 부추기고 있다는 생각마저 든다.

 인터넷 신조어와 줄임말을 한참 읽어보다가 한숨이 나서 혼자 중얼거렸다.

 얘들아, 적당히 하자. 아무리 세대 차가 있더라도 우리나라 말이니 나이에 상관없이 알아들을 수는 있어야 하지 않겠니?

―《뉴제주일보》 20. 5. 19

야자수에 관한 기억

 거리가 좀 달라진 느낌이다. 자세히 둘러보니 도로 양쪽에 하늘을 찌를 듯 쭉 늘어서 있던 야자수가 보이지 않는다. 거리의 야자수는 어디로 갔을까? 알고 보니 가로수로 심은 야자수를 제주 자생 수종으로 교체하는 작업이 지난해부터 추진되고 있다 한다. 그래서 야자수들이 해수욕장에 이식되었다는 걸 내가 몰랐을 뿐이었다. 야자수 해변은 여행객의 눈길을 머물게 할 멋들어진 풍광이 될 것 같기는 하다.
 누군가는 야자수와 더불어 가슴 설레는 추억을 만들고, 또 누군가에게는 이런저런 이유로 기억에 남는 장소가 되기도 할 것이다. 그럼에도 불구하고 이국적인 풍경을 자랑하던 야자수를 도심지에서 볼 수 없다는 것은 약간 아쉽다. 하지만 태풍 등 재해 위기 때마다 나무가 쓰러지면서 정전 피해나 보행로 안전사고 발생 우려가 있기 때문이라니 사고를 예방하겠다는데야 어쩌랴. 갑자기 야자수에 대한 기억이 아련히 떠오른다.

80년대 중반, 내가 근무하던 학교에는 커다란 야자수가 여러 그루 있었다. 뜻있는 분들이 기금을 모아 학교에 기증한 나무였다. 그때만 해도 흔치 않은 풍경이었다. 그 후 20여 년 만에 그 학교에 다시 근무하게 되었을 때 야자수는 엄청난 키를 자랑하고 있었다. 어느 해 큰 태풍이 불었다. 이름이 '무이파'로 기억이 된다. 야자수가 비바람에 흔들리면서 건물을 계속 두드려 패는 바람에 학교 옥상 건물이 그만 파손되고 말았다. 지붕이 날아가 버리는 불상사가 발생했고 여러 개의 교실이 물바다가 되었다. 쉴 새 없이 퍼붓던 비가 멈추고 사납던 태풍이 지나가자 교실 바닥에 고인 물을 퍼냈다. 언제 태풍이 불었냐는 듯 평온해지고 눈부신 햇빛이 초록빛 나무 위에서 부서질 즈음 나는 교실에서 구멍 난 천정으로 언뜻언뜻 보이는 하늘을 보고 있었다. 그때 구멍을 통해 쏟아지는 햇빛이 꽤 강렬했던 것으로 기억한다. 아마 밤이었다면 뚫린 구멍으로 새까만 하늘에서 반짝이는 별이 우르르 쏟아져 내릴 것 같은 느낌이었다.

조선 시대에는 거리를 알기 위해서 일정한 간격으로 길에 나무를 심었다고 한다. 그러니까 가로수의 역사는 꽤 오래된 셈이다. 들은 풍월이지만 오리나무는 오리마다 이정표를 삼아 나무를 심었던 것에서 유래했다고 한다. 같은 이유로 시무나무는 이십 리마다 있는 나무라고 시무나무(스무나무)라는 이름이 붙었다. 일제 강점기에는 일률적으로 미루나무를 심었다가 그 후에 플라타너스를 많이 심었다. 그런데 나무가 크고 잎사귀가 넓어 주변 농지에 그늘을 지게 하는 바람에 많이 없어졌다고 전해진다. 가로수도 시대에 따라 이런저런 이유로 바뀌니 야자수 또한 교체되는 게 이상하진 않지만, 막상 거리에서 볼 수 없게 된다고 하니 특별히 내 기억 속 야자수가 그리워진다.

도시에 네모난 콘크리트 상자 같은 건물만 있다면 얼마나 삭막할까? 가로수가 있기에 도시는 아름답고 청량하다. 우리 집 근처만 해도 가로수 때문에 사계절의 모습이 각각 달라진다. 봄이면 야들야들한 연둣빛 신록이 생명력을 느끼게 하고 여름이면 진녹색 이파리가 풍성한 그늘을 이뤄서 좋다. 가을이면 노란 나비 떼가 무더기로 앉아있는 듯, 해 질 녘 붉은 노을이 나무에 내려앉은 듯 붉고 노란 단풍이 곱다. 그런가 하면 겨울에는 앙상한 나뭇가지조차 멋스러워 조물주의 솜씨를 느끼게 한다.

가로수가 없다면 거리에서 그런 분위기와 사계절의 정취

를 느끼게 해줄 수 있는 게 과연 뭐가 있을까? 뚜벅뚜벅 걷다가 잠시 멈추고 가로수 가지 사이로 하늘을 바라보면 물바다가 된 교실 안에서 날아간 지붕의 잔해 사이로 보이던 하늘이 생각나기도 한다. 가로수는 도시의 얼굴이다. 가로수로 제주만의 특색을 보여줄 수 있는 거리가 된다면 그것도 훌륭한 관광자원이다. 제주 수종으로 바꾼 가로수가 제주의 멋과 낭만을 느끼게 했으면 좋겠다. 도심지의 길이 나무로 인하여 어떻게 바뀔지 기대가 되기도 한다. 해맞이 도로의 수국길이나 붉은 열매가 눈길을 끄는 사라봉 근처의 가로수길처럼 아름다웠으면 좋겠고 다른 지방에서는 볼 수 없는 명품거리가 되었으면 좋겠다.

―《뉴제주일보》 2022. 7. 3

세상이라는 벽 그 어디라도 붙어서

　바람이 차다. 담쟁이가 불어오는 바람에 흔들린다. 조금 있으면 몇 개 남지 않은 이파리가 다 떨어질 듯하다. 떨어질 듯 떨어질 듯 흔들리는 모습을 보노라니 시 한 편이 생각난다. 권대웅 시인의 시 「담쟁이넝쿨」이다.
　오래전에 라디오를 듣다가 이 시 한 구절을 듣게 되었고 나는 잠시 울컥했다. 시가 내 마음속에 진한 울림을 남겼기 때문이다. 나는 그 울림인 듯 아픔인 듯 사라지지 않는 여운의 끝자락을 잡고 기어이 인터넷을 뒤져 시를 찾아냈다.

　김과장이 담벼락에 붙어있다
　이과장도 담벼락에 붙어있다

서상무, 권이사, 박대리도 한주임도
　　모두 담벼락에 붙어있다

　　떨어지지 않으려고 악착같이
　　밀리지 않으려고
　　납작 엎드려 사력을 다해
　　견뎌내는 저 손
　　(…하략…)

　구조 조정의 칼바람을 견디며 살아남기 위해 몸부림치는 샐러리맨의 모습을 어쩌면 저렇게도 담쟁이에 빗대어 표현할 수 있을까?
　코로나 이후도 경제 사정이 더욱 어려워졌다. 기업 활동도 위축되어 구조 조정이 이루어질 수도 있는 상황이고 도처에서 샐러리맨들이 악착같이 살아남으려 벽에 붙은 담쟁이처럼 사력을 다하고 있는 시점이다. 그러니 요즘의 우리 현실에도 부합이 되는 시가 아닐까 한다. 소비가 줄어드니 거리마다 폐업하는 자영업이 늘어간다. 엎친 데 덮친 격으로 전월세가 하늘 높은 줄 모르게 올랐다. PC방 아저씨도 노래방 아줌마도 국숫집 할매도 파리를 날리니 월세는 무슨 수로 감당할까.

그러니 실적이 부진하여 언제 잘릴까 전전긍긍하는 샐러리맨이나 다를 바가 뭐 있겠나.

　우리 동네에는 공원이 있다. 공원을 조성할 무렵 시청에서는 시멘트 옹벽에다 능소화를 심었고 벽을 타고 올라가기 쉽게 지주를 세워서 묶어주었다. 귀한 대접을 받는 능소화는 쉽게 옹벽에 기대었고 그 곁에 저절로 자란 어린 담쟁이 한줄기는 악착같이 제힘으로 메마르고 거친 옹벽을 기어올랐다. 오랜 세월이 지난 지금 담쟁이는 무서운 속도로 불어나 옹벽을 거의 덮어버렸다. 능소화는 고고하게 담쟁이 속에서 그 자태를 뽐내고 있기는 했지만 옹벽을 차지한 건 담쟁이였다.
　봄날이면 그 야들야들하고 반들반들 윤기가 나는 연둣빛 담쟁이 이파리를 통해 세상에 충만한 봄기운과 생기를 느꼈다. 가을이면 붉고 곱게 물든 담쟁이넝쿨은 한 폭의 그림이었다. 겨울로 들어서자 담쟁이넝쿨은 노인의 손등에 드러난 핏줄처럼 시멘트 옹벽에 얽힌 모습을 드러냈다. 그 넝쿨에 몇 잎 남은 붉은 이파리에서 가장이 짊어진 삶의 무게와 아픔을 찾아내는 날카로운 눈이 놀라움으로 다가온다. 곱디곱게 물든 단풍이 치열한 삶의 흔적이고 단장의 아픔에 비견할 수 있다는 걸 누가 알았을까. 마지막 잎새처럼 떨어질락 말락 팔랑거리는 그 위태함이 지금은 예사롭게 보이지 않는다.

금수저를 입에 물고 태어난 사람이 능소화라면 나 같은 필부 역시 담쟁이라 할 수 있을 것이다. 담쟁이처럼 세상의 어딘가에서 자신의 자리를 필사적으로 지키며 살아온 우리도 김 과장 이 과장 중 한 사람일 것이니 우리 인생도 때가 되면 저절로 떨어지는 담쟁이 잎과 무엇이 다르랴. 하루속히 경제가 살아나서 겨울엔 죽은 듯 보이나 봄이 되면 생기 있게 돋아나는 담쟁이처럼 이 땅의 모든 김 과장, 이 과장은 물론 서 상무, 권 이사, 박 대리도 한 주임도 모두 힘을 얻었으면 한다. 세상이라는 벽 그 어디라도 다닥다닥 붙어서.

―《뉴제주일보》 2020. 12. 7

부메랑

한때 드라마 '천국의 계단'에서 부메랑을 던지며 '사랑은 돌아오는 거야.'라고 하던 남자 주인공의 대사가 명대사로 회자하던 적이 있었다. 떠나간 사랑이 부메랑처럼 돌아온다면 좋은 일이겠지만, 눈에서 멀어지면 마음도 멀어진다는 동서고금의 인간사를 보건대 그러기가 마냥 쉽지는 않은 듯하다. 좋은 일이 부메랑처럼 나에게 돌아온다면 또 얼마나 좋겠는가. 하지만 부메랑으로 돌아오는 것들이 종종 부정적인 것이었을 때가 많으니 그것이 문제다.

제자백가 시대에 상앙은 법가의 대표 주자였다. 그는 추상같은 법으로 천하를 다스려야 한다고 생각했고 법을 만들 만한 위치에 올랐을 때 자신의 철학을 실제로 구현하기 위해

진나라의 법을 뜯어고쳤다. 법치를 실천하기 위해 백성들이 서로 감시를 해서 고발하게 했고, 이웃의 죄를 숨겨주면 허리를 베게 하는 등 가혹하고 무시무시한 법을 만들었다. 얼마나 가혹했던지 나중에는 길바닥에 떨어진 물건도 줍는 사람이 없었다 한다. 결과적으로 백성들이 법을 잘 지켰다. 백성들한테는 가혹하거나 말거나 나라를 다스리는 입장에서 본다면 매우 효과적인 방법이 아닐 수 없었다. 그래서 상앙의 입지는 탄탄해지고 승승장구 나름 권력을 누렸다. 그러던 그가 권력을 잃고 쫓기는 신세가 되었을 때 그를 숨겨주기는커녕 재워주는 사람조차 없었다. 여행증이 없는 사람은 재워주지도 말라는 그 자신이 만든 법이 있었기 때문이다. 결국 상앙은 자신이 만든 법에 자기가 걸려 생을 마감해야 했다. 법이라는 강력한 부메랑에 걸려 화를 당할 사람은 앞으로도 있을 듯하다.

 나처럼 법을 모르는 사람도 그동안 숱하게 들었던 말이 직권남용이라는 죄다. 적폐청산이라는 이름으로 전 정부 인사들을 단죄했던 죄목이기 때문이다. 아이러니하게도 직권남용죄의 블랙리스트의 부메랑은 전직 장관을 법정 구속하기에 이르렀으니 말이다.

 말의 부메랑은 또 어떤가? SNS와 같은 사회적 관계망이 발달된 탓에 요즘은 자신이 타인에게 했던 날카로운 비난이 부메랑이 되어 자신에게로 돌아오는 일도 참 많아졌다. 한번 글자로 쓰여진 말은 거미줄에 걸린 나비처럼 옴짝달싹 못 하고 남아있어서 내가 언제 그랬냐는 변명도 반박도 불가능하다. 말을 녹여 먹는 거미라도 있었으면 얼마나 좋으랴. 행적을 쫓아다니며 말의 쓰레기를 수거해줄 미화원이라도 있으면 얼마나 좋으랴.

  SNS의 그물에 걸린 말은 언제든 소환되는 까닭에 언론의 말거리가 되고 정치인들이 과거에 했던 말과 지금의 말이 백팔십도 달라서 여론의 질타를 당할 때가 왕왕 있다는 말이다. 자신들과 대척점에 서 있는 사람들에게는 추상같이 비판했던 일이라도 막상 자신들에게 이익이 된다 치면 어김없이 답습한다. 그들이 했던 말은 부메랑이 되어 내로남불이 아니냐는 비난을 피할 수가 없게 된다. 아무리 아름답고 정의로운 말로 포장을 해도 그들이 했던 말만 가지고 본다면 자신의 적은 자신이 되는 셈이다.

  타인을 향한 추상같은 질타가 모두 자신에게 말의 화살로 돌아오는 걸 고스란히 맞아야 한다. 본인은 뱉어 놓고 어쩌면 잊어버렸을지도 모르는 말들을 사람들은 용케도 찾아내고 잊혀진 기억을 소환하게 하니 세상 참 무섭다. 한 치 앞도 알 수 없고 알다가도 모를 것이 세상일이다.

  자신이 한 말과 행동이 부메랑이 되어 돌아오는 게 어디 정치인들뿐이겠는가. 나 자신이 남을 비난했던 말도 나를 향하여 돌아올 수 있으니 말이란 것이 나이가 들어갈수록 무섭게 느껴진다. 좋은 말이면 돌고 돌아도 괜찮겠지만 좋지 않은 말이면 나에게로 돌아와 비수로 꽂힐 테니 타인과 소통의 수단 중 쉽고도 가장 어려운 것이 말이 아닌가 한다. 행동 역시 그렇다. 별 의미 없이 했던 행동도 남에게 언짢음을 줄 수도 있으니 부메랑이 되어 나를 향해 달려들지 않게 언행을 조심하고 또 조심할 일이다.

—《뉴제주일보》 2021. 3. 2

대취타 하랍신다

 문화가 밥이 되는 시대다. 이것은 이미 오래전부터 한류가 세계인을 매료시키며 증명해 준 사실이다. 말도 많고 탈도 많 았던 베이징올림픽에서 중국이 우리 문화를 자기네 것인 양 홍보하여 한동안 시끄러웠던 걸 생각하면 이제는 문화 전쟁 이 벌어지는 시대이기도 하다. 오랜 세월을 두고 형성 되어온 한 나라의 문화를 흉내를 낸다고 해서 하루아침에 100% 순 도로 재현할 수 있는 건 아닐 것이다. 그럼에도 불구하고 중 국이 자기네 나라 문화라고 우기는 건 우리 옛 영토가 자기 네 땅이라는 억지 주장 동북공정과 맥을 같이하는 문화공정 일 터다.
 일전에 방탄소년단(BTS)의 한 멤버가 발표한 〈대취타〉라는 뮤직비디오가 일억 뷰를 달성했다는 뉴스를 접했다. 그 순간 궁금증이 발동했다. BTS를 모르는 사람이야 없겠지만 솔직히 내 나이에 무슨 BTS의 노래에 흥미가 있겠는가. 나의 관심은 다른 데 있었다. 우리의 국악 대취타가 어떻게 세계인의 마음을 사로잡을 수 있었을까? 그게 궁금했던 거다. 유튜브에 올라온 뮤직비디오를 보았더니 우선 배경 자체가 궁궐과 옛 저잣거리였다. 영화를 보는 듯 웅장한 스케일과 화려한 검무 등이 태평소, 꽹과리와 어우러져 이색적인 분위기를 자아냈는데 앞부분에 이런 소리가 들린다.

"명금일하 대취타 하랍신다. 예이."

그리고 반복적으로 이어지는 랩. "대취타 대취타 자 울려라 대취타…" 속사포처럼 쏟아지는 랩이 내 귀에 쏙쏙 들어올 리가 없지만 대충 들려온 가사가 그랬다. 그래도 궁금했다. 왜 하필 우리 귀에도 그다지 익숙지 않은 대취타인가? 알고 보니 어가행렬이나 군대가 나아갈 때 연주하던 군례악인 대취타는 이미 여러 국제군악제에서 연주가 되었고 우리나라 국악군악대가 세계적으로 호평을 받고 있다고 한다.

방탄소년단이 세계를 향해 내질렀던 "대취타 하랍신다!" 이 말은 충분히 이유가 있었던 셈이다. 내친김에 국악 버전의 콘서트 동영상도 보았다. 노래 자체는 지극히 현대적이었지만 반주는 국악 장단이었다. 국악 장단에 도포 자락을 휘날리며 역동적인 춤을 추는 BTS와 그들의 노래는 전혀 어색하지 않았다. 놀랍고 신기할 따름이다. 거기에다 탈춤 부채춤 등이 한데 어우러지는 무대는 흥 그 자체였고 가히 환상적이었다. 그들의 무대엔 동서양이 공존하고, 고전과 현대가 함께 숨을 쉬며, 예술과 기술이 융합된 섬세함과 웅장함이 있었다.

옛 문헌에 기록된 것처럼 가무를 즐기는 우리 민족의 유전자가 오늘날까지 면면히 이어져왔음을 유감없이 보여주는 광경이다. 노래가 주는 메시지보다 무대에서 보여주는 우리 전통문화가 외국인들의 눈과 귀를 더 사로잡을 것 같다. 국악 버전의 무대에서 그들이 보여주는 건 곧 대한민국이다. BTS도 대단하지만, 우리 문화의 힘이 더 대단함을 느꼈다. 한국인, 그것도 나이 먹은 나 역시 그들의 창의적인 무대를 보면서 감탄할진대 외국인의 눈에 처음 접하는 한국의 문화는 얼마나 신기하고 대단해 보일 것인가. 외국 여자들이 아리랑을 따라 부르며 열광하는 모습을 보자니 왜 세계인들이 BTS에 환호하는지를 알 것 같기도 했다. 우리나라가 문화강국이라는 자부심을 가져도 좋을 듯하다.

'저러니 중국이 흑심을 품을 만도 하지.' 자칭 대국이라면서 주변 국가를 소국 취급하는 중국이 문화 대국 대한민국의 문화를 훔치는 건 소국보다도 못한 일이다. 그런데도 문화를 도둑맞은 우리나라 정부나 올림픽을 참관했던 장관 등 고위층도 항의 한번 못하고 힘없는 네티즌들만 왈가불가하다가 시들해지고 말았다. 시간이 꽤 흐른 지금은 '맞아. 그때 그런 일이 있었지.' 딱 그 정도가 우리 뇌리에 남을 것이다. 야금야금 우리 문화에 눈독을 들인 중국이 다음엔 또 무엇을 자기네 것이라고 우길지 모른다.

  문화의 우수성을 자랑만 할 것이 아니라 지켜야 할 책임도 있다는 걸 우리는 늘 기억해야 할 것이다. BTS를 보니 이제는 문화가 밥이 되는 걸 뛰어넘어 나라를 지키는 역할도 할 수 있다는 생각이 든다. BTS가 새삼 자랑스럽다. BTS여! 더 크게(大) 불고(吹) 두드리고(打) 세계를 향해 마구마구 내질러라. 대취타 하랍신다.

―《뉴제주일보》 2022. 4. 17

노블레스 노마드와 제주

"제주도에 살려고 갔던 사람들이 다 되돌아오고 있다면서요?"

서울에서 우연히 알게 된 사람이 나에게 물었다. 순간 떠오르는 얼굴이 있었다. 한창 제주살이 열풍이 불었을 때, 어떤 사람이 우리 동네 허름한 구옥(舊屋)을 매입하여 개조하고 숙박업소로 만들었다. 두어 해 후에 주인이 바뀌었다. 도시를 벗어나 여유롭게 사는 게 꿈이었던 사십 대 초반 여성이 새로운 주인이 되었다. 서울에서 직장생활에 넌더리가 난 그녀는 제주의 자연에 매료되어 이주를 결심했고, 그 집을 임대해 숙박업을 시작했다. 붙임성이 좋아 동네 사람들하고도 가깝게 지냈는데 가끔 보는 나에게도 "삼촌, 삼촌!" 한다. 그러나 임대료를 내고 나면 남는 게 없어 아르바이트로 생활비를 충당

해야 할 정도가 되자 제주 생활을 접을 수밖에 없었다.

요즘은 명품이나 값비싼 자동차를 소유하고 부를 과시하는 사람이 있는가 하면 풍요해도 소유에 가치를 두지 않고 여행이나 독특한 라이프스타일 등 경험에 가치를 두는 사람들이 있다. 이런 부류를 노블레스 노마드라 부른다고 한다. 노마드는 유목민을 뜻한다는데 노블레스 노마드는 결국 귀족처럼 우아하고 사치스러운 생활을 하면서도 유목민처럼 자유롭게 여행을 즐기는 새로운 형태의 귀족을 뜻하는 신조어인 모양이다.

제주에 세컨하우스를 마련하고 가끔씩 와서 골프도 치고 산과 바다에서 자연을 만끽하며 세월을 낚는 삶은 숨 가쁘게 살아가는 도시인에게는 로망이 아닐 수 없다. 이야기를 나누다 보면 그 사람은 이주를 결정할 때 제주가 자신이 의식주를 해결하며 살아야 하는 생활 공간으로 생각하기보다는 힐링의 장소라는 데 더 방점을 두고 있었던 것 같다. 꿈꾸던 것은 노블레스 노마드의 삶이었지만 맞닥뜨린 현실은 그게 아니었다는 말이다.

결국 꿈과 현실은 서로 충돌하면서 심각한 후유증을 남겼고, 그녀는 일자리를 찾아 서울로 떠날 수밖에 없었다. 제주는 꿈속의 유토피아가 아니다. 며칠 혹은 몇 달 잠시 머물면 더할 나위 없이 좋은 곳이지만 돈벌이를 하면서 덤으로 낭만을 즐기겠다는 사람에겐 한없이 척박한 곳일 수가 있다. 생필품은 물류비용 때문에 타 지역 보다 비쌀 수밖에 없고 일자리는 한정되어 있다. 게다가 집값, 집세 등 거주 비용이 서울에 버금갈 정도로 올랐다. 이런 점을 도외시하고 감성적으로만 접근했다면 제주 생활은 풀밭이 없는 곳에 지어진 유목민의 텐트가 되지 않을까?

유목민도 풀밭을 찾아 이동하지 감성을 충족시키기 위해 거처를 옮기지는 않는다. 현대인들도 어찌 보면 누구나 다 보다 나은 삶을 찾아 거주지를 옮기며 사는 유목민 아닌가? 빼어난 풍광을 만끽하며 여유로운 삶을 꿈꾸는 것은 잠깐 머무는 여행자의 낭만일 뿐이다. 먹고 사는 문제가 낭만을 공격하며 갉아먹는다는 사실을 전혀 염두에 두지 않거나 잠시 망각한 채 이주한다는 게 얼마나 위험천만한 일인가를 그 사람을 보며 알게 되었다.

문득 척박하든 비옥하든 자기가 처한 곳을 푸른 초장으로 만드는 지혜가 누구에게나 필요하다는 걸 다시 한번 느껴본다. 그럼에도 불구하고 사람을 끌어들일 만한 동력이 다시 생겨서 떠나는 제주가 아니라 모여드는 제주가 되고 누군가가 나에게 이렇게 물었으면 좋겠다.

"요즘은 사람들이 제주로 다시 돌아오고 있다면서요?"

―《삼다일보》 2024. 6. 16

갓생겟생

 코로나의 긴 터널을 지나오면서 하나의 유행처럼 자리 잡은 것이 '갓생살기'라 한다. 대면 활동이 어려워지면서 생겨난 풍조다. 젊은이들에게 널리 통용되는 '갓생, 갓생살이, 갓생러, 갓생겟생' 이런 정체불명의 말을 나는 최근에야 알았다. 갓생이란 갓 즉 신(god)에다 인생을 합성한 신조어인데, 소소하지만 실천 가능한 목표를 세우고 꾸준히 실천하며 하루하루 값지고 보람있게 모범적으로 살겠다는 뜻이라고 한다.
 그들이 말하는 갓생이란 특별하거나 거창한 것이 아니다. 예를 들자면 헬스클럽 대신 집에서 홈트레이닝을 꾸준히 한다든가, 평소 같으면 어울려 다닐 시간에 자격증 취득과 외국어 공부를 하는 것이다. 매월 목표한 금액을 저축하기에서부터 자투리 시간 쪼개 투잡하기, 책상 정리와 방청소 하기, 핸드폰 덜 사용하기 등등, 한마디로 말하자면 일상생활을 알차고 보람차게 해보겠다는 것이다. 따라서 갓생을 실천하는 사람이 곧 갓생러인 셈이다. 그야말로 허튼짓하지 않고 시계추처럼 움직이겠다는 것 아닌가? 게다가 금쪽같은 시간을 잘 활용하자는 것이니 참으로 좋은 풍조가 아닌가 싶다. 소비적이고 말초적인 방향으로 흘러가는 사회 풍조 속에서 이런 생각을 한다는 것 자체가 바람직하지 않은가. 생각은 행동을 바꾸고 행동은 습관을 바꾼다. 습관은 무얼 바꿀까? 삶을 바꾼다. 굿! 굿이다. 예기치 않았지만 코로나가 준 선물 같은 생각이 든다.

그런데 한편으로 생각하면 마음이 짠해지기도 한다. 취업은 갈수록 힘들고, 취업했다 해도 결혼했다 해도 내 집 마련의 꿈은 점점 멀어져가고, 물가는 오르는데 장사는 안되고… 젊은이들 앞에 놓인 현실이 버겁다. 그러니 어쩌겠나. 갓생 살기란 좋아서가 아니라 어쩔 수 없이 그렇게 살지 않으면 안 되는 젊은이들이 나름대로 찾아낸 생존법일 수도 있지 않을까? 자조적인 표현이란 생각이 들기도 한다. 나만의 생각인지도 모르겠다.

〈농업, 농촌으로 갓생겟생〉이라는 캐치프레이즈도 등장했다. 갓생을 살아가는 젊은이들이 농촌에서 다양한 가치와 직업을 얻어(get) 아주 훌륭한 인생을 살아가자는 의미라고 한다. 따지고 보면 갓생이 신조어이긴 하지만 갓생 살기는 우리가 이미 경험했다. 아버지 세대는 농경시대에서 산업화가 이루어지는 시대를 거쳤다. 말하자면 할아버지 세대의 갓생을 토대로 겟생을 해낸 세대다. 할아버지 세대는 오늘날과 달리 대부분 수작업으로 의식주를 해결해야 했기 때문에 갓생을 하지 않고서는 생존이 불가능했다. 아버지 세대도 크게 다르지 않았다고 본다. 생활환경은 많이 나아졌지만 삶의 방식은 요샛말로 갓생이었다.

덜 추운 인생의 겨울은 찬란한 인생의 봄날에 씨를 뿌리고 땀 흘려 가꾼 자에게만 온다. 그냥 주어지는 건 없다. 개천에서 용 나기는 글렀어도, 계층을 오르는 사다리는 없어졌어도 융합의 시대요 4차 산업의 시대다. 농사를 짓더라도, 고기를 잡더라도, 장사를 하더라도 창조적인 생각이, 적극적인 사고와 행동이 새로운 부의 축적으로 이어질 수도 있는 시대다. 무엇을 하든 갓생은 매우 필요하고 바람직한 삶의 자세다. 힘들지만 갓생으로 삶의 터를 다지고 그 터 위에서 젊은이들의 방식대로 겟생하기를 응원해 본다.

—《뉴제주일보》 2023. 4. 5

제4부
〈칼럼 2〉

소용돌이 속에서

행정체제는 꼭 개편해야 할까?

오늘은 내 스타일대로 동화 한 편을 써보려 한다.

동물나라에서 잔치를 하기로 했다. 각 나라의 어린 동물들을 초청하는 행사였다. 잔치 준비는 까마귀 마을에서 담당하기로 결정되었다. 나라에서는 까마귀 마을이 요구하는 대로 어마어마한 잔치 비용을 내주었다. 까마귀 마을에서는 길도 만들고 다른 시설을 만드는 등 엉뚱한 곳에 잔치 비용을 썼다. 그리고 잔치 준비 담당 까마귀들은 다른 나라에서 어떻게 잔치를 했었는지 알아본다며 떼를 지어 여러 나라를 들락거렸다.

어느새 잔칫날이 코앞에 닥쳤다. 많은 동물이 모이려면 넓은 풀밭이 필요했다. 그러나 까마귀 마을의 넓고 평평한 곳은 풀밭이 아니라 진흙밭이었다. 비가 오면 빗물이 질펀하게 고이는 문제가 있었다.

"아이고, 땅이 이런데 우리보고 어쩌라고. 그래도 어떡하나. 서둘러야지."

아무튼 배수로도 만들고 잠잘 곳도 마련하는 등 간신히 잔치 자리를 마련했다. 사정이 이러다 보니 막상 잔치가 시작되자 음식도 신통치 않았고 불편한 게 한두 가지가 아니었다. 더위에 지쳐서 정신을 잃고 쓰러지는 동물들도 있었다. 그렇지만 물도 충분하지 않았고 그늘도 없었다.

"아니, 뭐 이런 나라가 다 있어? 우린 돌아갈래."

견디다 못한 토끼와 다람쥐들이 자기네 나라로 돌아가겠다고 나섰다. 또 다른 나라의 동물들도 모두 못 견디겠다고 웅성거렸다.

"허허 참, 이거 나라 체면이 말이 아니군."

난처해진 임금은 때마침 불어오는 태풍을 핑계로 손님을 까마귀 마을에서 모두 데려오고 말았다. 숲속 나라 곳곳에 연락해서 쉴 곳을 마련한 다음 좋은 음식으로 융숭히 대접하고 눈이 번쩍 뜨일만한 구경거리로 마음을 달래주었다. 불평하던 동물들은 마음이 흡족했고 잔치는 그런대로 잘 마무리가 되었다.

숲속 나라는 와글와글 들끓었다.

"도대체 그동안 까마귀들은 뭘 했어? 그 많은 돈은 어디다 썼냐고? 좋은 풀밭 놔두고 왜 하필 거기야. 임금님도 그렇지. 아무리 까마귀 마을에 맡겼어도 나라에서 좀 제대로 챙기지 그랬어…"

그러자 까마귀들은 깍깍깍! 소리를 지르기 시작했다.

"잔치가 이렇게 된 건 우리 탓이 아니야. 저 나쁜 임금 때문이라고. 임금 때문이라니까, 까아아아악!"

여기까지 쓰고 나니 한숨이 나온다.

여러분이라면 어떤 결말을 짓겠는가. 많은 혈세를 쏟아붓고도 국가적 망신으로 돌아온 새만금 잼버리 이야기다. 중앙부처는 지자체에 맡겼으니 방심했던 모양이고 지자체는 제대로 운영하지 못해 생긴 참사였다. 그때 지자체 무용론이 나올 정도로 시끄러웠다. 제주도 행정체제 개편에 대해서도 논란이 많은 모양이다. 솔직히 말하자면 인구가 줄어서 제주도가 소멸위험 직전 단계인 주의 단계로 분류가 된다는데 좁은 지역을 둘 또는 셋으로 나누는 일이 그렇게 절박한 문제인지 나는 잘 모르겠다.

제주시를 동제주 서제주로 쪼개어 기초자치단체를 부활시킨다고 지역불균형이 해소될지도 의문이다. 어차피 제도는 사람이 운영하는 것이다. 현행대로 운영하거나 행정체제를 개편하거나 결국은 이끌어 가는 사람의 역량에 성패가 달린 것이다. 차라리 개편에 들어갈 막대한 비용과 인력을 제주의 미래가 달린 저출산 대책에 사용하는 게 더 제주지역과 국가를 살리는 일이 아닐까?

—《뉴제주일보》2024. 7. 22

함께 살아남기

 토끼 얘기는 좀 식상하지 싶은데 그래도 해야겠다.
 '토끼와 거북이 경주'를 모르는 사람이 있을까? 경주 후 일담이 궁금한지 후편도 많다. 각자의 관점에 따라 상상력을 가미한 후편은 기발한 내용도 많아 더 풍성한 재미를 준다. 그중에서 TV 애니메이션 작가인 톰 마틴의 「토끼와 거북이 최후의 경주」는 오늘을 사는 우리에게 많은 걸 생각하게 한다.
 경주가 있었던 때로부터 15년 후 다시 시합을 하게 되었다. 그런데 이번에는 가족이 함께 참여해야 하고 철인 5종 경기처럼 다섯 종류의 경기를 거쳐야 한다. 토끼와 거북이 가족뿐 아니라 돼지, 두더지 가족이 참가하는 것도 원작과 다른 점이다. 토끼는 아들과 함께, 거북이는 딸과 함께 가문의 명

예를 걸고 경기에 임한다. 아들 토끼와 딸 거북이는 꼭 이기겠다는 아버지들과는 달리 상대에 대한 경쟁심이나 적대감이 별로 없었다. 꼭 이렇게까지 해야 해? 그냥 서로 인정하며 살면 되는 거 아냐? 어른들은 참 이상해. 자식들은 이런 회의감에 빠진다.

결말만 이야기하자면 경기 도중 낡은 다리가 끊어지는 사고가 있었고 눈사태를 만나 생존을 위해 사투를 벌이는 동안 이런저런 오해도 있었지만 두 가족은 서로 협력하며 살아남는다. 그래서 누가 이겼냐고? 아들딸의 설득으로 두 가족은 나란히 결승선에 도착했다. 우승은 땅굴을 파고 한발 앞서 '뿅!' 나타난 두더지 가족에게 돌아갔지만, 토끼와 거북이네 가족은 승리 이상의 가치를 실현하게 되었다. 그것은 함께 살아남는다는 것이다. 생존보다 더 이상의 가치가 있는 것은 없다. 생명이 없는데 승리가 무슨 소용이 있겠나. 만약 그들이 서로 승리하려고 질주만 했다면 두 가족 다 공멸했거나 한쪽이 용케 살아남아 승리할지라도 다른 쪽은 눈사태에 묻히는 비극이 벌어졌을 것이다. 두 가족은 비록 승리는 놓쳤을지라도 공존을 택했다.

이것을 그냥 한낱 재미난 동화의 스토리에 국한하지는 말자. 우리 인생길에도 경주는 무수히 존재한다. 빠른 경주자라고 해서 반드시 선착하는 건 아니다. 성공하려면 거북이 같은 꾸준함도 필요하고 토끼처럼 자만하지 말아야 할 것은 자명한 이치다. 우리가 반면교사로 삼아야 할 교훈이자 갖추어야 할 덕목이다. 그러나 경주의 우승 또는 인생의 성공이 완벽한 승리가 될까? 개인의 목표는 달성했을지 몰라도 사회가 요구하는 가치에는 미치지 못한다면 절반의 성공에 불과하다.

현대 사회는 나눔, 공유, 공감, 각자가 잘하는 것들을 더 잘할 수 있도록 응원해 주고 협력하는 것까지 요구되기 때문이다. 그렇게 해서 더 높은 가치를 창출했을 때 진정한 승리자가 되는 것이다. 마치 눈사태를 만난 토끼와 거북이 가족이 서로의 장점을 이용하고 협력하여 생존에 성공했던 것처럼.

올해의 경제 사정도 만만찮을 것 같다. 개인은 개인대로, 기업은 기업대로 고물가, 고금리, 고환율의 파고를 넘어야 한다고 걱정이다. 누군가를 쓰러뜨리기보다 함께 사는 지혜가 필요한 시점이다. 각자 경주를 하되 최후의 목표는 공존동생共存同生. 나 또는 우리만의 승리가 아니라 모두 함께 살아남는 것이 되어야 한다. 지겨운 정쟁은 가라. 개인이나 기업이나 정치인이나 서로 협력하고 상생하는 해가 되었으면 좋겠다.

―《뉴제주일보》 2023. 1. 25

평등의 덫

세상이 공평하고 평등하다면 얼마나 좋을까.

빈부 격차나 지위 고하, 남녀노소 관계없이, 모든 경우, 모든 상황에서 모든 사람이 평등하게 대우받을 수 있다면 정말 좋은 세상일 터다. 그러나 세상이 어디 그런가? 우리가 사는 세상은 알게 모르게 불평등이 작용한다. 그래서 불평등을 없애고 평등한 세상으로 만들어가야 한다는 주장과 의도는 일견 타당해 보이고 설득력이 있다. 우리나라도 차별금지에 관한 법률을 제정하겠다는 시도가 여러 차례 있었다. 처음에는 어떤 내용인지 알기도 전에 차별금지라는 말이 주는 아름다움(?) 때문에 별 거부감이 없었다. 뭐가 어때서? 차별금지를 하면 좋은 거 아냐? 반대하는 사람들은 그럼 차별을 하자는 얘기야 뭐야? 이런 정도의 인식을 가지고 있었다는 말이다.

그 포괄적 차별금지 법안이 '평등법'이라는 이름으로 탈바꿈하여 발의가 되자 한쪽에서는 찬성을 하고, 또 한쪽에서는 평등법에 적용되는 차별영역의 제한이 없이 모든 영역에 적용하도록 규정되어 있다는 게 문제라고 반대한다. 성소수자에 관한 내용도 당연히 포함되어 있으며 평등이라는 아름다운 말 속에 오히려 역차별의 독소가 들어있다는 것을 지적한다. 차별하지 말고 살자는데 왜? 하지만 이미 법률로 제정이 된 다른 나라의 사례를 본다면 충분히 납득이 가기도 한다.

워싱턴의 어느 식당에서 한 남성이 여자 화장실에 들어가려고 했다. 직원이 법적인 성별 확인을 위해 신분증을 제시해 달라고 요구했다가 고발을 당해 7,000달러의 벌금을 물었고 여러 시간에 걸쳐 관련된 교육을 받았다고도 한다. 그 남성은 트랜스젠더였고 직원은 평등에 관한 법률을 위반했다는 이유에서다.

생물학적으로 남성이라 해도 자신이 심정적으로 여자라고 인식한다면 여자로 인정해야 하고, 남녀 구별을 나타내는 단어도 쓰지 말라는 것이 평등에 관한 법이라 한다. 물론 남의 나라 이야기이고 법이다. 하지만 '이게 과연 옳은 법이고 올바른 세상일까?' 하는 의문이 뇌리를 떠나지 않는다. 먼 나라의 이야기가 아니라 곧 우리 앞에 닥칠 일이라면 심각한 문제가 아닐 수 없기 때문이다.

앞서 말한 사례에서 보듯 여자 화장실에 불쑥 나타난 건장한 남성 때문에 여자들이 겪을 혼란이나 피해에 대해서는 언급이 없다. 한 사람을 위하여 여러 사람이 불편함을 겪어도 괜찮다는 말인가? 다수의 인권은 무시되어도 괜찮은 건가? 소수의 행복을 위해서 다수가 억압받아야 한다면 그거야말로 역차별이며 불평등 아닌가? 스포츠 경기를 할 때 남자 선수가 자신이 여자임을 주장하면서 여자 경기에 출전하겠다 해도 법적으로 인정을 해주어야 한다면 그건 평등일까? 특혜일까? 수많은 의문이 머릿속에서 오락가락한다.

가정에서도 심각한 일이 벌어질 것 같다. 만약에 아들이 남자 며느릿감을 데려오거나 반대로 딸이 여자 사위를 데려왔을 때 부모님이 반대했다 치자. 그러면 그 부모는 평등법을 어긴 범법자가 된다. 지나친 비약이라고 할지 모르겠으나 모든 영역에서 차별을 금지한다는 조항에 분명히 위배가 되니 고발당하는 사례도 충분히 나올 법한 일이다.

필자가 말하고 싶은 것은 성소수자를 차별하자는 얘기가 결코 아니다. 일정 부분 보호해줄 필요도 없잖아 있겠지만 국민 다수를 잠재적인 범법자 취급을 하는 것은 온당하지 않아 보인다는 점을 말하고자 할 뿐이다. 케케묵은 사고방식이라거나 꼰대라고 비난받을지 모르겠으나, 법도 자연의 질서 위에 기초하는 게 순리라고 여겨진다. 자연에는 미물이라 할지라도 나름대로의 질서가 있다. 사람도 자연의 일부이고 남녀가 결혼하고 가정을 이루어서 자식을 낳는 것은 종족 보존을 위한 자연의 법칙이며 질서다. 지나치게 한쪽만 법으로 옹호하고 도리어 권장하는 듯한 모습을 보일 필요는 없다고 본다. 그것은 다수의 인권이 무시되는 결과가 되기 때문이다. 무엇이든지 지나치면 모자람만 못한 것이 세상 이치일진대 평등 평등하다가 평등의 덫에 갇혀 심각한 후폭풍을 초래하는 일은 없었으면 한다.

―《뉴제주일보》 2021. 7. 26

칼과 펜보다 강한 입

흔히 펜의 힘은 칼보다 강하다고 한다. 그러나 나는 요즘 칼보다 강하고 펜보다 강한 것은 입이라고 생각한다. 펜의 힘은 글을 보는 특정한 사람에게만 작용하지만, 방송은 불특정 다수에게 동시에 전파가 되기 때문에 파급력과 영향력은 신문에 비할 바가 아니다. 대다수 국민은 방송에서 보도하면 기정사실로 믿어버린다. 나 역시 보도된 내용을 기준으로 세상을 바라본다. 무관의 제왕으로 불리우는 언론인들은 최소한 진실에 가치를 두고 사실을 공정하게 보도할 것이라는 철석같은 믿음 때문이다. 광우병 파동 때도 방송이 앞장서서 '뇌송송구멍탁'을 외쳐대니 유모차 부대도 나오고 학생들도 나와서 죽기 싫다 절규했던 것 아닌가.

방송이라는 사회적 그릇에는 진실만이 담겨야 한다. 그러나 당연히 진실이라 믿었던 것들이 지나고 보면 거짓이었음이 드러나기도 한다. 광우병도 뻥이었고, 청와대 굿판도 뻥이었다. 그러나 광우병 뻥튀기 보도에 앞장섰던 인사들은 탄핵 이후 승승장구했다는 후문이다. 방송이 중립성을 잃는다면 소금이 짠맛을 잃은 것과 무엇이 다르랴. 박통 탄핵의 광풍에도 방송이 한몫했다는 것은 누구도 부인하지 못할 것이다. 그 시절 선동은 강력했고 진실은 별로 중요치 않았다.

과방위 청문회가 세 차례나 열렸다. 방통위원장을 줄줄이 사퇴시킨 야당은 새로운 후보 청문회가 끝나자 즉시 탄핵을 의결해 직무정지시켰고, 대행인 부위원장은 청문회가 위법하다는 입장문을 내고, 과방위 위원장이 또 입장문을 내는 등 청문회는 난장판이었다. 또 방문진 새 이사 임명 효력정지가 인용되면서 항고하는 등 방송을 둘러싼 잡음은 끝이 없다. 아마도 방송이 철저하게 독립성을 유지했다면 이런 일은 없었을 것이다. 보아하니 야당은 입맛에 맞는 인사가 위원장이 될 때까지 방통위를 무력화시킬 기세인데 지난날 누렸던 화양연화의 추억이 현재진행형이길 바라기 때문이 아닐까 싶다.

별 내용도 없이 옥신각신하던 청문회의 발언 중에 현 정권이 방송을 장악했다면 '바이든-날리면(?)' 뉴스가 나왔겠냐는 말이 유독 기억에 남는다. 나름 설득력이 있어 보여서다. 나도 그때 뉴스 자막을 보고 처음엔 '대통령이 말실수했구나.' 그랬다. 그런데 얼마 후 MBC 특파원이 백악관에 메일을 보내어 알렸다는 걸 알자 어쩔 수없이 이런 생각이 들었다.

'게난 우리 대통령이 너네 대통령 욕해신디 너넨 어떵 생각햄나? 이추룩 소도리 했젠 말인게이. 미국 사름덜 잘도 웃어시켜.'

일각에선 투철한 기자정신이라고 두둔하나, 객관적인 입장에서 보자면 언론의 본질에 대한 추구라기보다는 뭔가 의도적인 목적이 깔린 것으로 보였다. 그렇지 않다면 상대국에 일러바칠 필요까진 없었을 것이다.

어느 편을 들자는 얘기가 결코 아니니 오해는 말았으면 좋겠다. 방송 본연의 자세와 품격을 잃지 말자는 뜻이다. 방송이 정권의 나팔수가 되어서는 결코 안 되겠지만 악의적인 보도로 정권에 타격을 주는 것도 해서는 안 될 일이다. 칼과 펜보다 강한 입은 진실을 공정하게 보도했을 때라야 가치가 있는 것이지 균형을 잃고 한쪽으로 기울어졌다면 왜곡이며 선동일 뿐이다. 공영방송이 하루속히 정상화되어 사회기류를 선순환되게 하고 썩지 않게 하는 소금 역할을 잘했으면 좋겠다.

―《뉴제주일보》 2024. 9. 3

저 바당은 메울 수 이서도

 광활한 토지가 있는데 임자가 없어서 먼저 차지하는 사람이 땅 주인이 된다 치자. 그런데 단 하루, 해가 떨어질 때까지 발로 걸어서 자기 것임을 표시해야만 한다는 단서가 붙는다. 어떤 일이 벌어질까?

 한 농부는 더 많은 땅을 차지하려고 쉬지 않고 걸어서 해가 떨어질 때까지 엄청난 땅을 확보했다. 하지만 너무나 지친 나머지 도착하자마자 쓰러져서 영영 일어나지 못하고 말았다. 그가 차지한 땅은 결국 자기가 누운 한 평에 불과했다. 톨스토이의 '사람에게는 몇 평의 땅이 필요한가'에 나오는 이야기다.

 세계를 정복하고자 했던 알렉산더 대왕이나, 칭기즈칸도 이 사람과 같이 종국엔 겨우 땅 몇 평을 차지할 뿐이었다. 우리라고 그와 다르지 않다는 걸 모르는 사람은 없다. 그렇지만 욕망이 이성을 누른다는 점은 동서고금을 막론하고 같은 모양이다. 누구든 단 한 평이라도 더 갖겠다고 아우성치는 것은 옛날이나 오늘날이나 다르지 않아서 말이다. 우리가 어렸을 때 하던 땅따먹기도 결국 땅에 대한 인간의 욕망과 심리가 투영된 놀이일 것이다.

LH 토지 투기 사건도 가뜩이나 좁은 땅덩어리에서 내 것이라는 깃발을 꽂고 한 뼘이라도 더 차지하고자 하는 열망이 낳은 풍경이다. 집 한 칸 마련하기 위하여 아등바등하는 것 또한 결국 땅의 문제를 벗어나지 못한다. 땅이 있어야 집도 짓든가 이득을 얻든가 할 것이기에.

땅은 어느 시대, 어느 나라를 막론하고 중요한 의미를 갖는다. 국가든 개인이든 땅을 차지하려는 노력은 끊임없이 존재한다. 세계사를 보자면 대부분 정복의 역사다. 다른 말로 바꾸면 땅따먹기의 역사라는 말이다. 옛날에는 침략과 정복으로 땅을 획득했다면 오늘날은 자본으로 취득한다는 차이가 있고 옛날은 집단의 이익을 위해 그랬다면 지금은 개인의 이익을 추구하기 위해 땅따먹기를 한다는 차이 정도가 있을 뿐이다.

나는 어디에선가 세계에서 가장 농지를 많이 가진 사람이 빌게이츠라는 걸 읽은 적이 있다. 그때 참 의외라는 생각을 했다. 주식 부자라면 모를까 왜 땅일까 그런 생각을 했다. 그런데 한 편으로는 '그가 농지에 투자했다면 그럴만한 이유가 있겠지' 하며 혼자 이런 상상을 해보았다. 식량은 유사시에 무기와 같이 강력한 물자가 된다. 만약 이상기후나 전쟁 또는 이런저런 이유로 식량 확보에 문제가 생겼다고 치면 가격은 당연히 폭등한다. 전자기기나 자동차, 사치품은 없어도 생명에 지장이 없지만, 식량은 생존에 직결된다. 아무리 가격이 올라도 사 먹어야 목숨을 유지할 테니 투자의 관점에서 보면 충분히 투자할 가치가 있지 않겠는가. 빌게이츠니까 그런 생각도 하지 않았을까. 물론 어설픈 뇌피셜일 뿐이다.

솔직히 말해서 돈 많은 사람이 농지에 투자하든 주식에 투자하든 부동산에 투자하든 무슨 상관인가? 시비 걸 일은 결코 아니다. 그럼에도 불구하고 순간적으로 이런 생각이 들었다.

'헉, 빌게이츠가 농지까지?'

요즘 치솟는 부동산 가격에 그 틈을 이용하여 온갖 방법으로 부를 획득하는 고위층과 업무상 획득한 정보를 이용하여 이득을 얻는 공직자들의 행태를 보면서도 왠지 모를 박탈감을 느낀다. 근검절약을 미덕으로 알고 정직하게 살아온 사람들의 삶이 부정당하는 것도 같아서 마음이 불편하다. 특히나

서민을 위한다는 고위 공직자들의 이중적인 모습을 보며 인간은 도대체 얼마나 가져야 만족할 것인지에 대한 의문이 들기도 한다.

인간이 부와 권력과 명예와 지위와 건강과 원하는 모든 것을 얻으면 만족할까? 모든 걸 다 가지면 장수불사하기를 원할 것이고 그것을 얻을 수 있다면 이 세상을 다스리는 신이 되고 싶어 또 다른 바벨탑을 쌓을지도 모른다. 그런 생각을 할 즈음 어느 할머니의 말씀이 떠오른다.

'저 바당은 메울 수 이서도 사름의 욕심은 메우지 못해여.'

땅이든 권력이든 더 가지려고 하지도 말고 가진 것에 만족하며 살라는 지혜의 말씀일 터다.

—《뉴제주일보》 2021. 5. 25

이상하고 아름다운 도깨비나라

　예전에 아이들이 이런 노래를 부르며 놀이를 했다.
　이상하고 아름다운 도깨비나라. 방망이로 두드리면 무엇이 나올까. 금 나와라와라 뚝딱. 느닷없이 웬 도깨비 타령일까마는 지금 우리 대한민국이 자꾸만 이상한 나라가 되어가고 있다는 생각이 들어서다.
　모처럼 주어졌던 유권자의 시간이 다 지나갔다. 지나고 보니 정책은 보이지 않고 응징과 보복의 목소리만 난무하는 참 이상한 선거였다. 총선 입후보자 중 300여 명이 전과자 혹은 범죄혐의가 있는 자인데 그들 중 다수가 당선되었다. 그런데 심판을 받아야 할 자들이 반성은 없고 도리어 심판하겠다는 목소리가 더 크다. 법을 어기든 말든 수단과 방법을 가리지 않고 금배지만 얻으면 불의도 정의가 되고 정의도 불의가 되는 모양새다. 국회가 범죄자의 도피처가 되었으니 대한민국은 참으로 노랫말처럼 이상하고 아름다운 도깨비나라가 되어버린 게 아닌가 싶다. 도깨비 나라라고 해서 언짢을지도 모르겠으나 달리 표현할 말이 없다.

  금배지만 달면 성능 좋은 방탄조끼가 나온다. 그걸 입으면 전과자도 괜찮고 뇌물 먹은 자도 괜찮고 돈 봉투를 받았건 사기를 쳤건 입에 담지 못할 욕설을 했건 큰 문제가 안 된다. 여론의 화살은 오리발 내밀면 되고, 그까짓 눈총쯤이야 눈 질끈 감으면 그만이다. 재판은 요리조리 지연시키면 어찌어찌 임기 말까지 잘 지나간다. 방탄조끼만 나오는 게 아니다. 9명의 보좌관을 거느리고 방망이를 두드릴 때마다 100여 가지 이상 특권이 쏟아진다. 특권을 없애겠다는 정당도 있지만 그 말을 믿나?

  그뿐 아니다. 혹시 재수(?) 없어서 구속된다 해도 세비는 꼬박꼬박 나오고 감옥에 있어도 휴가비까지 챙길 수 있다고 한다. 이러니 국회의원의 금배지는 도깨비방망이가 아니고 무엇인가. 그들은 국가와 국민을 위해 일할까? 아니면 자신의 방탄을 위해서 혹은 기득권을 지키기 위해 노력할까? 입으로는 민생이 어쩌고 경제가 어쩌고 하겠지만 혹시 속마음이 이런 건 아닐까 모르겠다. '민생은 내 알 바 아니니 각자도생하라 하고, 국민의 눈치? 그런 건 볼 것도 없고, 내로남

불? 그건 적당히 둘러대면 돼.'

그들은 이제 국민의 대표로써 입법의 권한을 마구 휘두르고 있다. 법을 우습게 아는 자들이 추상같은 법을 만든다는 건 참 아이러니가 아닐 수 없다. 미개한 나라도 아니고 잘나가는 대한민국에서 정의와 상식과는 거리가 먼 범죄자나 잡범들이 국회에 앉아 공정과 정의를 말하는 것도 상식이 되어 갈 판이다. 도대체 아름다운 금수강산을 이상한 나라로 만든 게 누구인가? 그 책임을 염치없는 정치인에게만 돌리지는 말자. 도깨비방망이를 쥐여준 건 바로 유권자인 우리이니까. 나라의 주인은 국민이라지만 과연 주인 노릇을 잘했는지 이젠 우리 자신에게 물어볼 차례다. 정책이나 자질을 보지 않고 특정인이나 특정 세력을 지지하는 건 주인의 자세가 아니며 선거가 끝난 즈음 우리 자신에게도 엄중한 물음이 필요한 이유다.

이번 국회에서는 최소한 재판에서 실형을 선고받은 범죄자는 국회 진출을 막는 법을 만들어서 방탄용 국회라는 오명이라도 벗기 바라지만 그럴 일은 절대 일어나지 않을 것이다. 그 좋은 도깨비방망이를 포기할 일은 없을 테니까.

―《뉴제주일보》 2024. 4. 15

불공정의 바다에서

"일단 과거를 본 뒤 음서(蔭敍)를 기다려 보아라. 나와 정리가 두터운 분이 전형위원으로 들어가면 어떻게 할 수 있으련만 그렇잖다면 널 위해 분주히 권세가들에게 애걸할 수는 없다."

누가 누구에게 한 말일까? 이것은 퇴계 이황이 아들에게 보낸 편지다. 과거를 앞둔 아들이 그다지 촉망받는 인재는 아닌 듯 보인다. 퇴계 역시 자녀의 입시와 취업 문제로 골머리를 앓았던 모양이니 고관대작도 그러하건 데 필부(匹夫)들은 말해 무삼하리.

음서(蔭敍)제도는 고려 목종 때 5품 이상 관직을 지낸 관리의 자제에게 벼슬을 내리면서 시작되었고 조선 시대에는 2품 이상으로 축소되었다. 비록 하급관리라 해도 고위직 관리의

친인척을 과거 없이 관직에 등용했으니 불공정한 제도임이 틀림없다.

입시나 취업만큼은 투명해야 하며 능력을 입증할 기회는 공정하게 주어져야 하고 등용에 있어서는 '내 자식이 먼저다.'가 아니라 '인재가 먼저다.'라야 공정한 사회다. 하지만 오늘날도 음서제의 망령은 곳곳에서 나타난다.

선거관리위원회의 자녀 특혜 채용이 일자리 세습이라는 비판을 받았지만 선관위만 그랬을까? 아마도 기관마다 전수조사 한다면 비슷한 일이 대한민국 곳곳에서 벌어질지도 모르겠다.

엉터리 스펙으로 시험 없이 대학에 가거나 의전원 또는 로스쿨에 입학하거나, 부모의 지위를 이용해 취업하는 것은 결국 다 부모 찬스일 뿐이다. 로스쿨 졸업 후 유명 로펌으로 이어지는 코스를 밟는 법조인 자녀들이 많아졌다는 건 무엇을 말하나. 이런 것들이야말로 현대판 음서제일 터다. 부모 찬스는 제도와 무관하지 않다고 본다. 생각해 보자. 입학사정관제나 수시 제도 등을 만들어서 부모 찬스를 사용할 물꼬를 터주고 점점 확대해준 게 누구인가. 사시제도를 없애고 로스쿨을 도입해서 능력이 있지만 가난한 이들의 기회마저 박탈한 게 누구인가. 시대가 변했으니 제도도 바뀌는 게 당연하다고 하자. 글로벌 인재 육성도 좋고 암기 천재만 양산하지 말자는 취지도 타당하다 치자. 그래도 부모 찬스를 부추기는 제도라면 최소한 축소하거나 보완함이 마땅하다. 그런데 정책은 늘 확대 일변도였다.

좋은 대학과 양질의 일자리가 부모 찬스로 다 채워져 버리면 가진 것 없고 가산점마저 없는 서민의 자식들은 어떻게 해야 하나? 묻지도 따지지도 말고 소나 키우라고? 못난 부모 탓이니 감수하라고? 어차피 세상이 다 그런 거라고 하기엔 너무 씁쓸하다. 치열한 경쟁의 대열에서 부모 찬스를 뛰어넘는다는 것은 남들이 자동차를 타고 고속도로를 달릴 때나 홀로 자전거를 타고 그들과 경주해야 하는 일이다. 이런 상황에 놓인 자식들은 얼마나 피눈물을 쏟아야 할까. 말로만 공정을 외칠 게 아니라 특혜 채용은 엄단해야 하고 현대판 음서제로 악용할 소지가 많은 제도들은 과감히 개선해야 한다. 그것이 공정사회를 향한 첫걸음이기 때문이다.

그럼에도 불구하고 청년들아, 상실감과 박탈감에 미리 움츠리지는 말자. 실력과 노력으로 그 모든 것을 뛰어넘는 이들도 많이 있다. 그러니 좌절하지도 포기하지도 말자. 불공정의 바다에서 조각배를 타고 노를 저을지라도 힘을 내자. 인생의 바다는 변화무쌍하여 때때로 예측하지 못하는 일도 일어나는 법이니까.

소진과 장의

'말 잘하기는 소진장의로군.'

흔히 구변이 좋은 사람을 일컬을 때 나오는 속담이다. 말을 잘한다는 것은 커다란 장점이고 축복이다. 하지만 말은 양날의 칼과 같은 것이다. 특히나 정치인에게 말이라는 것은 때론 상대편을 공격하는 무기가 되기도 하지만 때로는 자신을 베는 흉기가 되기도 한다는 점에서 더욱 그렇다. 소진과 장의는 언변이 좋은 사람의 대명사로 불리우는 춘추전국시대 모사꾼이니 요샛말로 치자면 정치인이다.

중국 한나라 때 제자백가 중에 종횡가(縱橫家)라는 학파가 있었다. 종횡가를 대표하는 소진(蘇秦)과 장의(張儀)는 그 시대는 물론 중국 역사를 통틀어 가장 지모와 언변이 뛰어난 사람으로 손꼽힌다. 소진은 처음에 진나라에 가서 자신의 지략을 왕에게 말했다. 하지만 왕은 귀를 기울여주지 않았다. 이에 앙심을 품고 6개 나라를 돌아다니며 연합해서 진나라를 대항하자고 제후들을 설득했다. 이른바 '합종'이다. 그래서 크게 성공했다. 그가 가진 무기는 오로지 세 치 혀뿐이었다. 나중에는 주로 이간질로 합종을 깨트리는 장의의 '연횡'이 등장했고, 동문수학했지만 라이벌인 두 사람은 각각 합종과 연횡으로 전국을 쥐락펴락했다.

소진이나 장의의 신념은 오직 돈과 권력으로 집중되었고 온갖 속임수와 교활함, 잔인함과 뻔뻔스러움으로 무장하고 권력을 최고의 가치 기준으로 삼았다. 남북으로 합종하거나 동서로 연횡하면서 그것이 정의이든 불의이든 전혀 문제 삼지 않았다고 전해진다. 그들이 대의명분이나 정의감 따위를 중요하게 생각하지 않은 것은 다음과 같은 소진의 일화에서 그대로 드러난다.

소진이 6개 나라의 재상이 되어서 금의환향하자 백수건달이었을 때 박대하던 형수가 땅바닥에 꿇어앉아 절을 하며 환대했다. 그때 그는 이렇게 말했다고 한다.

"이제 재산이 많고 지위가 높아지니까 친척들까지 날 두려워하는구나! 이러니 세상을 살면서 어찌 권세와 부귀를 멀리할 수 있겠는가."

바야흐로 정치의 계절이다. 그야말로 말로써 말 많을 때가 아닌가 한다. 요즘 돌아가는 시국을 보면 '소진 장의가 살았던 시대도 저랬겠구나' 하는 생각이 절로 든다. 정치인들은 저마다 말발을 자랑하며 권력을 향하여 질주한다. 이 시대의 소진 장의들이다. 그들은 진실만을 말하지 않는다. 대중이 듣기 좋아하는 말을 할 뿐이다. 대중들은 불편한 진실은 잘 들으려 하지 않기 때문이다. 그런데 사회에는 여러 계층이 있으므로 모두를 만족시키는 말을 찾기가 어렵다. 그래서 종종 말실수 등 문제가 생긴다. 그러면 말을 바꾸기, 뒤집어씌우기, 물타기, 말꼬리 잡기 등등의 신공을 유감없이 발휘한다. 이러한 양상은 여당 야당이 따로 없다. 그럴듯한 언변으로 잘못을 상대편 탓으로 돌리며 도리어 공격하거나 본질은 숨기고 엉뚱한 트집을 잡아 국면을 180도 바꿔버리는 것을 보면 감탄할 지경이다. 신묘한 말의 예술(?)을 보는 듯하다. 대중은 그들의 말이 가지는 무게감이나 진실성을 떠나 일견 그럴 것 같다는 생각을 우선하게 되고 교묘한 말재주는 마법처럼 사람들의 마음에 스며든다.

  어느 시대든 소진, 장의와 같은 인물들이 있을 거다. 하지만 그들이 득세하는 세상은 분명 올바른 세상이 될 수 없다는 생각 또한 머릿속을 떠나지 않는다. 진정성이 결여된 모사꾼의 말, 손바닥으로 하늘을 가리는 말이 오래갈 수 없고 진실하지 않은 말이나 계획은 결국엔 무너질 수밖에 없는 사상누각이기 때문이다. 권력 주변의 일은 동서고금이 다르지 않기에 사람 사는 세상은 어느 시대나 어느 곳이나 비슷하지 싶다. 역사는 발전하는 게 아니라 돌고 돈다고 하는 말도 있던데 나름 설득력이 있다. 옛날 소진 장의가 말로써 권세를 얻고 부귀영화를 누렸듯 이 시대의 소진장의들도 그럴 것이다. 하지만 세 치 혀로 세상을 쥐락펴락했던 소진과 장의도 종국에는 몰락했고 종횡가가 빛을 보았던 시기도 짧았다는 게 역사가 주는 교훈이다. 다소 매끄럽지 못하더라도 진실을 진실이라 말하고 책임질 수 있는 말을 하는 사람이 진짜 말 잘하는 사람이 아닐까? 그런 사람이 문득 그리워지는 요즘이다.

―《뉴제주일보》 2022. 1. 24

디케 여신에게

요즘 들어 떠오르는 이야기가 있다. 어느 유명작가의 단편소설이다. 읽은 지가 하도 오래되어서 소설의 제목도 잊었다. 생각나는 대목만 소개하자면 엄혹했던 시절 절에서 사법고시를 공부하던 고시생이 어쩌다 큰 사건에 연루된 친구 때문에 감방에 가게 되었다. 그곳에서는 지엄하신 감방장 밑에 자칭 교육부장이라는 자가 때때로 신참 죄수에게 자기들이 정한 수칙을 교육시킨답시고 폼을 잡는다.

교육부장이 하던 말 중에 이런 것이 있었다. 힘없는 누군가가 법을 어겨 감옥에 간다면 피할 수 없는 것이 있는데 이른바 6 조지기다. 형사는 패어 조지고, 검사는 불러 조지고, 판사는 미루어 조지고, 죄수는 먹어 조지고, 간수는 세어 조지고, 집구석은 팔아 조진다고. 아득한 시절의 이야기다. 요즘 세상에 패어 조지는 형사나 세어 조지는 간수가 어디 있을까마는 어수룩했던 시절이니 그 당시는 아마도 그랬던 것 같다.

오늘날처럼 인권이 중요하게 부각되던 시절이 아니고 김영란법도 없던 때니까. 죄수야 사식을 먹어가며 요샛말로 '슬기로운 감방생활'을 하면 된다. 그러나 말이 그렇지 그 마음이 얼마나 초조하겠나. 오라 가라 부르기만 하고 판결은 세월아 네월아 하고 있으니 얼마나 속이 타겠는가. 본인도 그러려니와 가족의 입장에서도 영치금을 넣어야 하고 편의를 봐달라고 간수에게 뒷돈도 줘야 하고 변호사도 사야 하니 집구석은 거덜나는 게 당연하다. 피 말리는 감옥생활과 법정 싸움을 이보다 더 간명하고 리얼하게 드러낸 표현이 어디 있을까 싶다.

이와 더불어 생각나는 또 하나의 이야기는 디케 여신이다. 그리스 신화에 나오는 법과 정의의 여신 디케는 선입관이나 편견 없이 공정하게 판결하고 법을 집행하고자 했다. 그래서 디케의 동상은 눈을 가리운 모습으로 등장한다. 또한 양손에 법의 힘과 권위를 나타내는 칼과 공정함을 상징하는 천칭을 들고 있다. 이런 여신도 폭증하는 인간들의 악행 앞에 속수무책이었던지 어느 날 하늘로 올라가 들고 있던 천칭을 걸어놓고 별이 되어버렸다는데 그게 처녀자리와 천칭자리라 한다.

각설하고, 세월은 많이 흘렀지만 오늘날도 디케 여신의 후

예들은 여전히 미루어 조지기를 좋아하는 것 같다. 권력의 주변에 있거나 권력을 가진 정치인의 재판 또한 미루고 또 미루며 관계된 자들의 임기를 보장해 주거나 임기 말쯤 되어야 선고하는 식으로 누릴 것 다 누리게 한다. 그런가 하면 어떤 재판은 지나치게 신속하게 처리함으로 편향적이고 형평성을 잃었다는 비판을 받는다. 무너진 법치는 누가 세우나. 범죄 혐의자들이 국회에 앉아 떵떵거리거나 도리어 장관을 호통치는 광경을 보면 소설 속 고시생 앞에서 폼을 잡던 교육부장이 떠올라서 헛웃음이 나온다.

검사는 증거를 넘치게 찾았다는데 판사는 기각하거나 재판을 지연하면 국민은 지친다. 물론 기각이 무죄는 아니지만, 정치인이 법을 무시하며 정치탄압이라 우기는 모습을 언제까지 봐야 하나 싶다. 정의를 가장한 불의의 거짓을 통쾌하게 벗기고 악을 응징해줄 정의의 여신은 정말로 별자리가 되었을까?

대한민국 법원 앞 법과 정의의 여신 디케여. 그대는 졸지도 말고 자지도 말고 제발 두 눈을 가려주오. 그럴 리 없겠지만 당신의 눈이 또 사람을 가려가면서 볼까 두렵소.

―《뉴제주일보》 2023. 10. 31

대한민국은 아프다

 법원에 정의의 여신이 들고 있는 저울이 기울어지면 어찌 나 했는데 예감은 현실이 되었다. 50억 클럽 한 정치인이 무죄란다. 위안부 후원금을 쌈짓돈처럼 쓴 국회의원도 솜방망이 판결로 의원직을 유지했다가 임기가 끝난 뒤 최종 판결을 받았다. 여신은 너무 깊이 잠들었나 보다. 비리가 드러나도 정치탄압이라 우기면 되고, 검찰 조사는 진술 거부로 맞짱 뜨면 그만인 것도 다 이유가 있었구나. 요새 어쩔 수 없이 드는 생각이다. 누가 잠든 정의의 여신을 깨울까?
 누군가가 그랬다. 대한민국 국민은 팩트를 아는 것만도 애국이다. 일리가 있는 말 같다. 정치인의 교묘한 프레임에 속고, 가짜뉴스, 유언비어에 속고, 조작에 속는 요지경 속에서 우리가 살아왔음을 현실이 증명해주기에 말이다. 속아주는 사람이 있기에 속이는 거다. 공정 보도할 것이라는 언론과 정의로울 것이라 믿는 사법부가 국민의 철석같은 믿음에 배신해도 그럴 리가 없다는 믿음이 참 속절없다. 검은돈 맛본 언론인이 정직한 보도를 할까? 기소한들 끼리끼리 얽혀있는 법관들이 제대로 판결할까? 야당은 탄핵의 추억에 사로잡혀 다수의 힘을 휘두를 뿐이고, 여당은 개인적 이득을 따라 끼리끼리 움직일 뿐이고, 국회는 방탄용일 뿐이고, 사법부는 내 편 살리기에 골몰할 뿐이고… 어디에도 국가의 미래나 국민은 안중에 없다. 음습한 카르텔에 속수무책인 대한민국은 너무나 무력하고 아프다.

우리는 요즘 시절에 간첩이 어디 있냐는 말에 자의 반, 타의 반 동의하며 살아왔다. 반공이나 애국을 말하면 철 지난 색깔론으로 치부하거나 극우라고 매도당하기 때문이다. 도심 한복판에서 체제 전환을 외치는 단체가 나와도 그러려니 할 만큼 체제에 대한 경계가 허물어졌다. 그러나 우리가 지켜야 할 체제는 중도가 없다고 생각한다. 자유민주주의, 자유시장경제의 뼈대가 대한민국의 근간이고 지켜야 할 핵심이기 때문이다. 간첩이 곳곳에서 똬리를 틀고 있지만 안타깝게도 우리는 대수롭지 않게 생각하는 중병에 걸려버렸다. 암세포가 대한민국 온몸에 퍼진 셈이다. 그래서 대한민국은 위태할 만큼 아프다.

법치는 무너지고, 나라의 곳간은 빚으로 채우고, 음습한 카르텔은 쥐새끼처럼 나라를 갉아먹는 데 모두가 남 탓이다. 전 정권 사람들은 현 정권 탓하고 현 정권은 전 정권 탓한다. 요즘은 국민조차 정치적 견해가 다르면 밥도 먹지 않는다고 한다. 옳고 그름을 따지기보다는 진영 논리에 매몰되어 서로 너희 탓이라 공방을 벌이기 일쑤이기 때문이다.

뼈아픈 질문이 남는다. 병든 대한민국은 누가 살려야 할까? 대통령 혼자? 어느 외신기자가 한국 사람들은 스마트폰, 트로트, 공돈 세 가지에 미쳐있는데 생각은 없고 행동은 없이 말만 한다고 평했다 한다. 외부인은 알겠는데 막상 우리 국민은 나라가 중병이 든 줄도 모르고 희희낙락한다는 소리로 들린다. 반박할 근거가 마땅찮다. 나 역시 그 범주를 벗어나지 못하니까. 이제 그만 진영 논리에서 벗어났으면 좋겠다. 무조건 편드는데 정치인이 왜 국민을 두려워하겠나. 무시할 뿐이다. 어느 편이 아니라 진실을 보자. 적어도 옳은 것을 옳다 하고 그른 것은 그르다고 할 수 있는 건강한 사회를 만드는 건 국민의 몫도 있기 때문이다.

―《뉴제주일보》 2023. 2. 20

제5부
〈꽁트〉

짧지만 긴 이야기

얻은 것과 잃은 것

지하주차장으로 내려가는 데 불량기가 철철 흐르는 청년 셋이 뒤따라왔다. 그러고 보니 아까 은행에서부터 힐끔힐끔 쳐다보던 얼굴들이었다. 그들 중 한 사람은 반바지를 입었는데 얼굴만 빼고 문신투성이라 섬뜩했다. 그의 귀는 온 신경이 곤두서 있었으므로 그들이 수군거리는 소리조차 똑똑히 들렸다. 바로 해치워버리자. 신중하게 접근해야지. 맞아. 눈치채지 못하게 해야 해. 순간적으로 몸이 오싹했다. 혹시 나를? 셋이 달려들어 납치하고 내 돈 빼앗으려는 거 아냐? 저 호주머니에 손을 넣고 건들거리는 녀석의 주머니에 칼이 들어있을지도 몰라.

그의 신경은 곤두설 대로 곤두서서 눈알이 튀어나올 지경이었다. 가방을 잡은 손에 힘을 주고 가까스로 자동차가 있는 곳으로 종종걸음을 쳤다. 그들은 여전히 따라오고 있었다. 황급히 차에 오른 그는 얼른 시동을 걸었다. 막 출발하려는 찰나 그들은 하던 말을 계속하며 그를 지나쳐 갔다. 어휴, 괜히 쫄았잖아.

소심하기 짝이 없는 그를 잔뜩 쫄게 만든 건 갑자기 빵빵해진 통장 탓이었다. 지난주에 다른 부서와 친선 족구대회가 있었다. 누구 아이디어인지 몰라도 이긴 팀에게는 복권 두 장 진 팀에게는 복권 한 장이 주어졌다. 모두들 기대에 부풀었다.

"복권 당첨되어서 끝내 잘된 사람 없다던데?"

누군가가 이렇게 말하자 옆자리 김 대리가 한마디 했다.

"돈벼락 밑에 깔려 죽어도 좋으니까 한번 당첨되어 봤으면 좋겠어요."

'박기태 인생에 당첨은 없다. 기대하지 마.'

그는 속으로 이렇게 말하며 복권을 점퍼주머니에 집어넣었다. 누구나 인생 역전을 꿈꾸지만, 그는 소심하고 정직한 사람이라 불로소득도 기대하지 않고 동전 한 닢도 아끼는 성격이었기 때문에 복권은 종이쪽지에 불과했다.

그는 새로 시작한 프로젝트의 보고서를 쓰느라 일주일이 퍼뜩 지나갔으므로 복권은 까맣게 잊고 있었다. 점퍼를 입고 습관적으로 호주머니에 손을 집어넣었다가 종이가 잡히는 바람에 복권 생각이 났다. 마지막 번호까지 확인한 순간 '악! 이게 웬일이야?' 2등이었다. 1등이 아니라 아쉽긴 하지만 그래도 그게 어디냐. 월급 외에 공돈은 들어올 일이 없는 그의 통장에 무려 4,700만 원이라는 거금이 생기다니. 아무리 평상시처럼 행동하려 해도 입이 저절로 귀에 걸렸다. 입이 근질거렸지만, 그는 아무에게도 말하지 않았다. 새털처럼 입이 가벼운 아내가 동네방네 떠들고 다니다 화근을 만들 것 같기도 하고 왠지 누군가에게 말하면 부정 타서 당첨이 무효가 될 것만 같아서다. 당분간 비밀로 할 생각이다. 인정 많고 사람을 잘 믿으며 남의 부탁을 잘 거절하지 못하는 아내는 돈을 꿔주고 먹튀 당한 일이 여러 번 있었다.

며칠만 쓰고 돌려준다는 말 믿지 마. 그럴 사람 아니라는 말도 하지 마.

귀에 딱지가 생기도록 윽박질러 보지만 천성은 어쩔 수 없다. 아내 성격상 자랑질할 건 뻔한 일이고 주변에 돈 필요한 사람은 귀가 솔깃할 소식이다. 대박을 꿈꾸지만 늘 쪽박만 차는 사고뭉치 처남이 1순위로 손을 내밀 것 또한 뻔한 일이다. 얼마 전에도 아내는 남편 몰래 돈을 줬다는 게 알려지면서 그의 마음을 상하게 했다.

'1등도 아닌데 호들갑 떨 거 없지. 그 돈에 차 떼고 포 떼면 뭐가 남느냐고.'

그는 드러누워서 그 돈으로 뭘 할까 궁리하기 시작했다.

'구닥다리 차를 바꾸자. 그리고 새 차를 타고 아내와 폼 나게 여행하는 거야.'

제주도를 갈까. 남해안을 갈까. 즐거운 상상을 하다 보면 실실 웃음이 나왔다. 아내 몰래 차를 주문하고 차가 나오면 '짜잔. 서프라이즈!' 하고 자랑할 생각을 하니 화장실에 가서도 휘파람이 나올 지경이었다.

한편 그의 아내는 그런 남편을 보면서 이상한 생각이 들었다. 남편은 아무것도 아니라고 시치미를 떼지만 분명 무슨 일이 있다. 전에 없이 향수를 칙칙 뿌리며 멋을 낸다든가 실실 웃는 게 자꾸 맘에 걸렸다. 확실히 변했다. 여자라도 생겼나? 에이, 박기태가 그럴 리는 없지. 남편은 절대 그럴 사람이 아니라고 확고하게 선을 그었다.

차를 주문했지만, 노조의 파업 때문에 새 차는 아직도 나올 기미가 안 보이고 그저 그런 날들이 비슷비슷하게 지나갔다. 그의 슬기로운 생활은 여전히 계속되었다.

어느 날이었다.

그의 아내는 모임에 다녀오는 길이었는데 남편의 차가 M 호텔로 들어가는 걸 보았다. 젊은 여자가 동승하고 있었지만 아는 사람이려니 했다. 며칠이 지났다. 마트에서 마주친 동네 여자가 어제 M호텔 커피숍에서 남편이 머리 긴 여자와 만나는 걸 보았다고 말했다. 그날부터 의심의 씨는 싹이 터서 조금씩 자라기 시작했다. 남편 몰래 핸드폰을 털어봤더니 M호텔 커피숍에서 결제한 내역이 여러 번 있었다.

혼자 끙끙 앓던 그녀는 마침내 M호텔 주변을 맴돌기 시작했다. 퇴근하기는 좀 이른 시각에 드디어 남편 차가 호텔 주차장으로 들어가는 게 보였다. 현장을 목격할 참이다. 머리끄덩이를 잡고 패대기를 치는 상상을 하며 마스크로 얼굴을 가리고 커피숍 구석 자리에 앉았다. 조금 있다가 들어온 그는 뚱뚱한 남자에게 늦었다고 인사를 하며 동석했다. 그녀는 후다닥 나오며 가슴을 쳤다. 내가 미쳤나 봐. 미쳤어. 미쳤어. 하지만 잠시 고개를 숙였던 의심은 또다시 고개를 쳐들었다. 아니지. 아니지. 그럼 두 번씩이나 만난 그 여자는 누구야? 의심의 싹은 바야흐로 무성한 이파리가 되고 작은 나무가 되어서 좁은 가슴을 꽉 채우게 되었다. 입맛도 없고 소화불량에다 머리가 지끈거리고 불면증이 심해졌다. 일이 손에 잡히지도 않아 평범했던 그녀의 일상은 조각배처럼 위태하게 흔들리기 시작했다. 친구에게 증상을 하소연했더니 병 키우지 말고 병원에 가란다. 병원은 무슨. 겉으로는 그렇게 말해놓고도 다음 날은 신경정신과를 찾았다.

"신경 쓰실 일이 많았나 봅니다. 혹시 말 못 할 고민이 있으면 참지 말고 '임금님 귀는 당나귀 귀' 하세요."

의사의 말에 속마음을 들킨 것 같아 얼굴이 화끈거렸다. 그래도 그 말대로 하면 증상이 사라질지도 모른다는 생각을 하자 그날 저녁 '임금님 귀는 당나귀 귀'를 외칠 작정을 했다.

"당신 얼마 전에 M호텔에서 머리 긴 여자 만난 적 있지?"

"내가 누굴 만나? 회사 일도 바빠 죽겠는데."

남편은 생사람 잡는다고 펄쩍 뛰었다. 그러다가 그저께도 만나지 않았냐고 다그치자 그는 갑자기 피식 웃었다.

"나 그 여자 매일 만나."

"뭐가 어쩌고 어째? 이 인간이 뻔뻔스럽게 매일 만나?"

그녀의 좁은 가슴이 폭발해버릴 지경이었지만 아내가 펄펄 뛰거나 말거나 그는 태연했다.

"우리 회사 김민숙 대리가 업무 파트너라는 거 몰라? 둘이 함께 거래처 갈 때 차 두 대 움직일 필요 없잖아. M호텔에서는 김 대리와 같이 바이어 몇 번 만났고."

"누가 속을 줄 알아? 향수 뿌리고 싱글벙글할 때 다 눈치 챘다고."

아하하하. 그는 웃음이 터져 나와 마구 웃었다. 의아해하는 아내를 진정시키고 그제야 자초지종을 털어놓았다. 긴가민가하는 아내에게 통장을 쫙 펼쳤다.

"자, 보라고."

아내는 여러 번 통장을 살피더니 좋으면서도 서운해서 한 소리 했다.

"우와! 진짜네. 그래도 그렇지. 어떻게 그런 걸 나한테까지 숨기냐?"

"당신을 어떻게 믿고 말해? 말했으면 똥파리 날파리 다 달려들어 돈 꿔달라고 했을 거다."

그냥 놀라게 해주려고 그랬다면 얼마나 좋았을까. 그는 때때로 지나치게 솔직한 게 탈이었다. 좋아서 날뛸 줄 알았던 그의 아내는 파르르 성을 냈다.

"그래. 내가 입도 싸고, 생각도 없고, 돈도 많이 날렸어. 당신이 윽박지를 때 내가 얼마나 비참했는지 알아? 당신 몰래 동생에게 돈 준 것도 너무 염치가 없어서 그랬어. 그렇다고 처남이 똥파리? 똥파리한테 뜯길까 봐 감춘 거구나. 그 돈 더러워서 나 한 푼도 안 쓸 테니 혼자 잘 먹고 잘 살아."

이게 아닌데 이게 아닌데… 아내가 좋아하는 모습을 상상하며 자동차가 나올 날만 기다리던 그는 억울한 생각이 들어서 화를 버럭 냈다.

"그래. 새 차 나오면 타지 마. 나만 탈 거니까. 꿈도 꾸지 말라고."

그의 아내는 문을 쾅 닫고 나갔다.

또 마음이 긁혔나 보다.

꽤 견고하다고 생각했던 둘 사이에 큼직한 균열이 생기고 서프라이즈의 설렘과 기대가 그 벌어진 틈으로 쑥 빠져나간 느낌이다. 틈이 메꿔지려면 시간이 좀 걸릴 것 같다. 얻은 것이 있으면 잃은 것도 있는 것이 인생이지만 그는 복권 때문에 뭔가 중요한 걸 잃어버린 것 같은 기분이었다.

아무나 하나?

　아버지의 죽음은 실로 내게는 슬픔이라기보다는 엄청난 부담으로 다가왔다.
　"나는 구구팔팔이삼사로 인생 마무리할 거다. 걱정을 말아."
　이것은 아버지가 늘 입에 달고 살던 말이었으며 실제로 나이 칠십에도 청년같이 단단한 신체를 가진 터라 백수를 누리시되 최소한 아흔아홉까지는 팔팔하게 경영 일선에서 큰일에서부터 시시콜콜한 일까지 두루 낄 것으로 보였다. 그런 아버지가 돌연 저세상으로 떠나게 되자 내가 곧바로 가업을 물려받게 되었다. 원래 회사경영은 형의 몫이었다. 하지만 형은 작년에 사고를 당하고 아직도 깨어나지 못하고 있었다. 오래 전부터 마이웨이를 선언하고 좋아하는 그림에 전념하고 있던 나는 아버지까지 돌아가시고 나자 눈앞이 깜깜했다. 적어도 삼대째 이어오는 가업을 더욱 탄탄하게 키워야 한다는 일종의 사명감 같은 것이 태산처럼 나를 짓눌렀다. 하지만 그것이 얼마나 어려운 일인가를 깨닫는 데는 그리 오랜 시간이 걸리지 않았다.

그럭저럭 6개월을 넘기고 나자 여기저기서 구멍이 숭숭 뚫리기 시작했다. 회사 사정은 겉만 멀쩡했지 속은 허할 대로 허해 있었다. 심혈을 기울여 개발한 신제품도 매출을 올리지 못했으며 자금 사정도 그다지 좋지 못했다. 마음만 조급해서 학교 때는 거들떠보지도 않았던 경영학 서적을 탐독하기도 하고 잘나가는 회사의 노하우를 벤치마킹하기에 바빴지만 그림이나 그리던 사람에게는 한계가 있었다.

그러던 어느 날 아침에 출근해서 습관적으로 조간신문을 읽었다. 규모는 작지만 튼실한 기업을 일군 중소기업의 성공 사례가 소개된 기사를 읽다가 사장이라는 사람이 아무래도 눈에 익어서 자세히 살펴보았다. 이름과 사진을 번갈아 살피던 나는 자신도 모르게 외마디 비명이 터져 나왔다.

"이런, 복티 아냐?"

복중호는 대학 동창이었다. 휴학에 복학을 거듭했으므로 동기들보다 나이가 많은 이 화상이 하는 짓이 하도 유별나서 기억에 남는다. 어느 별에 살다가 갑자기 뚝 떨어진 것 같다

해서 외계인 ET로 불리우다가 나중에는 복씨라는 성을 붙여서 '복티'로 별명이 굳어버린 괴상한 인간이었다. 복티는 언제나 느릿느릿 팔자걸음을 걸었다. 왜 그렇게 느리냐고 누군가가 힐난을 할라치면 이렇게 대답했다.

"생각을 좀 거시기허게 허느라고."

"생각 좀 빨리할 수 없어?"

"생각이라는 것은 꼬리에 또 꼬리를 물고 나오는 것이여. 서두르면 좋은 생각이 다 도망가니까 건드리덜 말더라고."

서울물을 두어 달만 먹으면 매끄러운 서울 말씨로 바뀌어버리는 게 지방 학생들이었지만 복중호는 졸업할 때까지 여전히 전라도 사투리를 참말로 징그럽게 썼다. 하루는 초여름 날에 시커먼 점퍼를 입고 어슬렁어슬렁 나타났다. 깔깔거리는 여학생들에게 그는 점잖은 목소리로 말했다.

"그짝들은 계절에 따라 옷을 입지만 나는 신체 조건에 맞추어서 옷을 입응께 상관 말더라고."

"그래도 그렇지 삼복더위에 너무 하잖아요?"

"복티형이 지금 고뿔 중이라 춥다잖여."

누군가 그의 말투를 흉내 내며 편을 들고 나서자 그는 피시시 웃으며 한술 더 떴다.

"나으 생각은 너으 생각과 같을 수가 없다 그말이여. 나는 창조적으로 살기로 했어."

복티형은 어느덧 사십 대 초반이 되어 살집이 보기 좋게 붙은 넉넉한 모습으로 지면을 차지하고 있었다.

나는 꼼꼼하게 기사를 읽기 시작했다. 복티네 회사는 컴퓨터 소프트웨어를 개발하는 회사였다. 규모는 작지만 쏠쏠하게 매출을 올리는 기업체란다. 한마디로 벤처신화를 창조하던 내로라하던 기업들이 거품이 빠지면서 줄줄이 도산하던 하수상한 시절에도 독야청청 푸르른 소나무처럼 꿋꿋하게 버틴 회사다. 탄탄한 회사로 키워낸 CEO가 바로 복중호란 사실에 나는 전율했다. 나는 문득 그가 하던 말이 생각났다.

'창조적으로 살기로.'

나는 복중호를 만나고 싶었다. 복중호라면 서로 잘 맞물려서 돌아가던 톱니바퀴가 약간씩 어긋나서 덜거덕거리는 회사에 도움이 될만한 노하우를 가지고 있을지도 몰랐다. 수소문 끝에 전화번호를 알아내고 전화를 걸었더니 여전히 느릿한 목소리로 너스레를 떨었다.

"뭔 일인지 몰라도 겁나게 반가와 불고마이."

어쨌든 나는 그를 만나볼 참이었다. 복중호가 일러준 대로 길을 찾아가니 조그만 사무실이 있었다. 긴가민가하면서 문을 열었는데 뜻밖에도 고무장갑을 낀 중호가 양동이와 솔을 들고 화장실에서 나왔다.

"아니 왜 사장인 형이 이런 일을 해?"

"조용혀. 호들갑 떨지 말고. 우리 회사는 누구나 다 사장이여."

"그래요?"

나는 그의 말에 더욱 호기심이 생겼다. 복중호네 회사야말로 뭔가 특별한 것이 있을 거라는 내 예상이 들어맞는 듯했다. 사무실에는 칠팔 명 남짓 앉아서 일을 하고 있었지만 군데군데 자리가 비어있었다.

"외근을 많이 하는 모양이네."

"아냐, 지금 저기서 자고 있을 것인디."

"잔다고?"

"응, 밤새 일했으니 자는 시간도 있어야 할 것 아니더라고."

그는 잠시 안으로 들어가 윗도리를 입고 나왔다. 나는 사무실 맞은편에 있는 일식집에서 자칭 창조적 인간 복중호에게 한 수 배울 요량으로 바싹 다가앉았다. 그는 여전히 느릿한 말투로 자신의 경영방식을 털어놓았다.

중호네 회사는 사원이라야 고작 열두 명밖에 안 되는 전형적인 벤처기업이었다. 사원들의 근무시간은 비교적 자유롭다고 했다. 철저하게 능력별 임금을 지급하고 있기 때문에 재택근무를 하던 밤샘 작업을 하던 주어진 일을 완벽하게 하기만 하면 된다고 하였다.

"그건 그렇고 화장실 청소는 어떻게 된 거야?"

그는 피시시 웃었다.

"뱃속에서부터 사장 명함 박고 태어난 인간과 촌구석에서 지지리 궁상떨며 자란 놈이 똑같냐?"

"그게 무슨 말이야. 좀 더 자세히 말해 봐요."

"자금 사정은 여의치 않으니까 경상비를 줄이는 수밖에 없지. 머리 좋은 놈들은 연구 개발시키고 나처럼 용량이 부족한 놈은 몸으로 때워서 용역비라도 줄이는 수밖에. 그렇게 처음부터 군살을 없애부렀어. 회사 사정이 쬐끔 나아져서 매출 실적만큼 배당해주니 죽기 살기로 뭔가 만들어내더라고. 모두가 사장이자 사원이란 말이지. 유식허게 말하자면 다소 수평적인 시스템이라고나 할까?"

그렇지. 스스로 일을 하게 하는 수평적인 시스템. 나는 그 말에 꽂히고 말았다. 군 출신 아버지의 방식은 너무 수직적이라 요즘 세상에 직원을 졸병처럼 다루는 건 옳지 못하다는 게 내 생각이었다. 하지만 내 생각 또한 탁상공론 수준밖에 안 된다는 사실을 깨닫는 데는 그리 오래 걸리지 않았다. 명색이 사장이라는 사람이 아무것도 모르니 느슨하게 굴 수밖에 없었다. 그러자 아버지 지휘 아래 일사불란하게 움직이던 사원들은 덩달아 느슨하게 변해갔다. 커피 마시느라, 밖에 나가 담배 피우느라, 잡담하느라 시간 죽이다가 퇴근 시간이 가까워질 무렵에야 바쁜 척 온갖 부산을 떨었다. 그렇다고 아버지와 오랜 시간을 함께해 온 사람들에게 함부로 대할 수도 없어서 속으로만 끙끙 앓고 있었다.

"우리 회사도 뭔가 달라져야 할 텐데…… 감이 잡히지 않아."

그는 나에게 물었다.

"변화가 왜 필요허냐? 생존 때문이여. 변하지 않고는 개인이나 회사나 살아남을 수가 없응께."

복중호와 이야기를 나누다 보니 어렴풋이 방향이 잡히는 것 같았다. 중호와 헤어져 돌아온 나는 회사에 들어오자마자 이곳저곳을 둘러보았다. 회사 규모에 비해 사장실은 필요 이상으로 컸으며 집기 역시 호화로웠다. 다소 과시하는 것을 좋아하고 위계질서를 중히 여겼던 아버지의 영향이 여기저기 눈에 띄었다. 뭔가 획기적인 방법으로 회사의 분위기를 확 바꾸어야겠다는 생각이 들었다.

'우리도 일률적으로 월급을 주는 대신 능력별로 임금을 지급해볼까? 기본급 플러스알파. 회사 내부 상황도 꼼꼼히 체크해서 군살도 빼야겠고…'

사장의 눈치만 살피는 사원들이 스스로 일을 하도록 만드는 시스템으로 전환시키려는 전략을 머릿속으로 구상하며 화장실로 걸어갈 때였다.

"사장님, 며칠 못 뵙겠네요. 휴가를 주셔서 감사해요. 베트남에 있는 아들집에 다녀오려고요."

"아, 예. 잘 다녀오십시오."

청소 담당 아주머니가 활짝 웃으며 나갔다.

요즘 나는 계속 뭔가를 하지 않으면 안 된다는 강박관념에 사로잡혀 있었다. 뭘 해야 하지? 머릿속은 깜깜이다. 화장실에 앉아서 볼일을 보면서도 그 생각을 하다 보니 머리가 지끈거렸다.

그때였다. 갑자기 복중호의 얼굴이 떠오르자 피식 웃음이 나오면서 느닷없이 장난기가 발동했다. 중호처럼 청소를 해보자는 엉뚱한 생각이 튀어나왔다.

'에라 모르겠다.'

사원들이 어떤 반응을 보일지가 궁금했다. 하루에 담배 한 갑 피우느라 들락날락, 커피 석 잔 마시느라 일할 틈 없는 김 부장은? 인터넷쇼핑에 열중하는 여직원은? 갑자기 열심히 일하는 척 허둥거릴 그들의 모습을 상상하니 그리 나쁘지 않은 생각 같았다.

'사장인 내가 화장실 청소를 하는데 설마 게으름을 피우진 않겠지? 마침 아주머니도 없겠다 최적의 타이밍이군.'

다음 날이었다. 나는 작업복으로 갈아입고 회사에 변화의 바람을 일으키리라 다짐하면서 화장실로 들어갔다. 솔에 세제를 묻혀서 변기를 닦고 있을 때였다. 문이 열렸다. 손에 고무호스를 든 김 부장이 들어왔다.

"부장님이 웬일이세요?"

"에이, 사장님이 이런 데 청소를 하시는데 우리라고 가만히 있을 수 있나요?"

"그럼 회사 일은 누가 하구요?"

"그, 그래도…."

김 부장은 겸연쩍게 웃었다.

나는 김 부장을 바라보다 아연실색하고 말았다. 열린 문 사이로 양동이를 든 박 과장, 크레졸병을 든 양 주임, 그 뒤로 어쩔 줄 모르는 여직원의 모습이 줄줄이 보였기 때문이다.

"이게 아닌데, 이게 아니었는데…"

복중호의 얼굴이 김 부장 얼굴 위에 겹쳤다 사라졌다. 그가 이 광경을 보았다면 아마도 콧방귀를 풍풍 뀌며 이렇게 말할지 모르겠다.

'남의 흉내는 함부로 내는 게 아니여. 업종이나 회사 규모도 생각해야제.'

사장은 아무나 하는 게 아니었다. 머리를 쓰는 컴퓨터 소프트웨어 개발하는 회사와 몸을 쓰는 건축자재 회사가 운영 방식이 같을 리가 없었다.

나는 한참 동안 멍해서 서 있다가 정신이 번쩍 들어서 소리쳤다.
"일들 안 하세요? 청소 말고 일을 하시라고요."

버킷리스트

"저 혹시 모르시겠어요?"

방금 접수를 마친 환자가 나에게 말을 걸었다.

"누구세요?"

"중학교 동창 이홍기라면 기억할지 모르겠네."

이홍기? 순간적으로 기억나는 이름들 중 그런 이름은 떠오르지 않았다. 그래도 잘 모르겠다고 하는 건 예의가 아닌 것 같아 생각나는 척 반색했다.

"나 아주 오랜만에 미국에서 왔는데 네가 간호사라고 영준이가 말하더라."

홍기는 감기 걸려서 왔다며 앞으로 보름쯤 있을 예정이라고 했다. 미국 가기 전 한번 보자면서 감기약 사흘 치를 처방받고 갔다.

퇴근 후 잠자리에 들어서야 홍기가 누군지 생각났다. 읍내 중학교 앞에 옥순 엄마가 장사하는 붕어빵가게가 있었는데 그 집주인 아들이 홍기였다. 있는지 없는지 별 존재감도 없지만 딱 보면 착한 어린이 느낌이 나는 조용한 아이였고 서울로 이사 가서 소식을 들을 수 없었던 동창이었다.

사흘 후였다. 나는 오랜만에 퇴근길에 친정어머니를 뵈러 갈 참이었다. 퇴근시간이 기다려질 무렵 이홍기는 감기 기운이 남았다며 다시 찾아왔다. 그는 진찰을 받고 수납을 마치고도 마감할 때까지 나가지 않고 미적대며 이러쿵저러쿵 말을 붙였다. 자세히 보니 샌님 같던 얼굴이 좀 남아 있었지만 많이 야위었다. 홍기는 서울로 간 지 얼마 후에 이민을 가서 대학도 거기서 나오고 출판 관련 일을 하고 있다고 했다.

"한국에 오면 꼭 해보고 싶었던 것이 몇 가지 있었거든. 난 그걸 해볼 참이야."

"이홍기 버킷리스트가 궁금하다. 뭔데?"

"고향 바다를 보는 것. 첫사랑과 데이트하기, 붕어빵을 실컷 먹기."

"겨우 그거 하려고 그 먼 데서 왔냐? 낭만적이긴 하다만."

낯선 땅에서 지독한 향수병에 시달렸다는 홍기는 가끔 붕어빵 굽는 냄새가 그리웠다고 했다. 고향 생각이 날 때면 꿈속에 바다가 보이고 어디선가 그 냄새가 나는 것 같았다고.

그렇기도 할 것이다. 나 역시 그때 붕어빵 가게 앞을 지날 때면 나를 붙들던 강력한 유혹을 아직도 기억한다. 홍기는 이것저것 한참 읊조리다가 느닷없이 이렇게 말했다.

"바다를 보러 가고 싶은데, 혹시 시간 있냐?"

"퇴근하는 길에 데려다줄게. 안 그래도 친정 갈 거거든."

"그래? 그럼 땡큐지."

어려울 건 없었다. 해안도로를 타면 친정 동네에서 이십 분쯤 가면 되는 거리였다. 홍기는 사뭇 상기된 얼굴로 내 차에 올랐다.

초가을의 바다. 시원하게 뻗은 해안도로. 늘 보던 풍경이었지만 물빛과 하늘빛이 어우러진 바다에 그림처럼 섬이 떠있는 오묘한 조화는 설렘을 주기에 충분했다. 홍기는 차에서 내리자마자 좋다는 말을 끝없이 연발하며 마치 공기란 공기는 다 빨아들일 것 같이 심호흡을 했다.

"아, 좋다. 좋아. 쓰으읍…"

"그래, 첫사랑은 만났어?"

홍기는 바다에 취했는지 아무 말도 하지 않았다. 바다만 바라보고 있었다. 나도 방해가 되었나 해서 아무 말을 하지 않았다.

한참 있다가 홍기가 뜬금없이 이렇게 말했다.

"버킷리스트 목록에서 두 가지가 이루어졌어."

"그러니까 만났다는 거네. 어떤 사람이야?"

"응. 아주 미소가 예쁜 사람이지."

홍기는 더 이상 말하지 않았다. 심호흡만을 하고 있어서 더 이상 물어보지 못했지만 나 혼자 결말이 슬픈 소설을 썼다.

'엄청 사랑했던 첫사랑한테 뒤통수를 오지게 맞았나 보다. 오죽했으면 이때까지 첫사랑을 못 잊어서 버킷리스트에 올렸을까. 그 여자가 누군지는 몰라도 순하고 착하고 가정적일 것 같은 홍기와 결혼을 했다면 지금쯤 로스앤젤레스에서 행복하게 잘 살고 있을지 모르는데… 에휴.'

내 멋대로 상상의 나래를 펼치는데 홍기는 작은 돌멩이를 던져 물수제비를 떴다. 돌멩이 한 개를 주워서 나에게 주며 해보라는 눈짓을 했다. 돌멩이는 던지자마자 퐁당 물에 빠지고 말았다. 홍기는 좀 더 있다가 간다고 했지만, 나는 같이 노닥거릴 시간이 없어서 이내 헤어졌다. 아무튼 느닷없이 나타난 동창생 홍기와의 짧은 만남은 그렇게 끝났다.

그 후로 삼 년이 지난 어느 날이었다. 이 간호사가 나한테 편지가 왔다며 봉투를 건네주었다.

"언니, 외국에서 왔네요."

홍기가 보낸 편지였다. 가지런하게 쓴 주소를 확인하고 나자 묘한 울렁거림이 생겼다. 누구한테서 편지를 받아본 게 얼마만 인가 싶다. 편지는 이렇게 시작되었다.

> 그대를 만난 것은 다시 돌아올 수 없는
> 먼 길을 준비하던 어느 날이었다오.
> 버킷리스트 기억하시나요?
> 말기 암으로 장기간 투병하다, 죽기 전에
> 내가 나고 자란 곳과 소중한 기억 속의 사람들과
> 나의 흔적들을 만나고 싶다는 생각으로 고향을 찾았죠.
> 벗들을 만났고 또 학창 시절 나를 설레게 하던
> 첫사랑도 만났습니다.
> 옛집은 흔적도 찾을 수 없고
> 동네도 마을도 낯설게 변했지만,
> 수줍어서 말 한마디도 건네 보지 못한
> 내 첫사랑은 그곳에 아직도 있었습니다.

읽다 보니 죽음을 앞둔 그의 행보가 조금은 이해할 것 같기도 하다. 제주도의 어느 마을에서 태어나고 누구누구와 학교에 다녔고 누구를 좋아했다는, 자신에 대한 재확인 과정이 안타깝게 느껴졌다. '이홍기'라는 존재의 소멸을 거부하는 것 같기도 하고 인정하고 받아들이려는 몸짓 같기도 해서 측은했다.

한편으로는 궁금했다. 그의 첫사랑은 누굴까? 그러고 보니 읍내에 사는 여자 동창들은 몇 안 된다. 붕어빵집 딸 옥순이, 신발가게 딸 미영이, 말빨이 좋아 누구도 못 당하던 서희, 또 누가 있더라? 혹시 명주? 남학생들에게 인기가 있던 명주에게 홍기가 관심을 가졌음직도 하다.

잠시 일었던 안타까움과 애잔한 감정은 뜻밖의 문구에 이르자 순간 당혹감으로 바뀌었다.

그리던 고향 바다와 아련한 첫사랑을
동시에 만나면서 정말 행복했습니다.
내 첫사랑은 여전히 미소가 아름다웠고
착한 마음씨는 여전했습니다.
불쑥 찾아간 나의 부탁도 주저 없이 들어주더군요.

가슴이 벌렁거렸다. 얼굴도 달아올랐다. 홍기의 첫사랑이 나였다니. 어쩌면 나는 그렇게 눈치가 없었을까. 홍기가 나를 좋아했다면 아무리 숫기가 없어도 내 주변을 맴돌았거나 무언가 심상찮은 행동을 했을 것인데 낌새를 알아차리지 못했다. 말도 못 하고 끙끙거렸던 홍기나 눈치 없는 나나 미련 곰탱이가 틀림없다. 중년이 되어서도 눈치 없음은 마찬가지였다. 홍기가 바다에 데려다 달라고 했을 때 알아봤어야 했다.

그 후 삼 년이 지났습니다.
완치 판정을 받고 버킷리스트를 새로 작성했어요.
그중 하나가 첫사랑에게 편지를 쓰는 일입니다.

사춘기 소녀처럼 가슴이 벅차서 더 읽을 수가 없었다. 잠시 눈을 떼고 깜빡거렸다. 그 수줍은 남자의 가슴 속에 아직도 내가 남아있었다는 사실이 놀라웠다. 중년인 나이에 까까머리 중학생 시절의 첫사랑을 못 잊어서 편지까지 쓸 정도였다니. 울렁거렸다. 일에 치이고 사고뭉치 남편에 치여 살았던 날들이 얼마나 절망스럽고 버거웠던가. 그런데 홍기가 나타나 가능성이 무한한 열대여섯 소녀 시절로 잠시 데려다주었다. 그것은 마치 내 앞에 마법의 세계가 펼쳐진 것 같은 느낌이었다. 나는 그 마법의 성으로 초대받아 한 계단 한 계단 발을 내딛는 사람처럼 설렘과 팽팽한 긴장감마저 느꼈다.
 나는 숨을 크게 몰아쉬고 다시 편지를 들었다.

 오해는 말아줘요.
 누군가에게 '나 이렇게 살아있다. 더 살아도 된다.'
 소리치고 싶었을 뿐입니다.
 기왕이면 고향 바다를 보여준
 그대에게 편지를 써보는 것도 좋겠다는 생각이었죠.
 다른 뜻이 있는 건 아닙니다.

 그러면 그렇지. 첫사랑은 개뿔. 그냥 죽기 전 고향 땅 밟아보고 싶은 걸 잘도 포장했네. 출판 일을 한다더니 소설을 써라. 소설을.
 마법은 끝났다. 사실은 시작도 되지 않았지만. 헛웃음이 나왔다. 어쩌면 나는 이역만리에서 가슴에 나를 품은 한 남자가 아직도 나를 그리워하는 지고지순한 사랑을 기대했는지도 모른다.
 홍기의 편지는 '그때 정말 고마웠다'는 말과 함께 '노년은 아내와 함께 고향에 돌아와 살고 싶다'는 말로 끝을 맺었

버킷리스트 197

다. 아무튼 살아있어서 이런 편지라도 쓸 수 있는 게 그래도 다행이지 싶기는 하다. 나는 편지를 서랍에 넣어두고 일어섰다. 화장실에서 거울을 보았다. 거울 속엔 사십 대 중반 어색한 표정의 여자가 나를 바라보고 있다. 낯설다. 칙칙한 자신의 얼굴을 타인처럼 바라보다 남편이 곁에 있기라도 한 것처럼 버럭 소리를 질렀다.

"야, 최동철! 나도 한때는 미소가 예쁜 여자였다고!"

마음이 흐르는 길목

김정애 지음

발행처	도서출판 청어
발행인	이영철
영업	이동호
홍보	천성래
기획	육재섭
편집	이설빈
디자인	이수빈	구유림
제작이사	공병한
인쇄	두리터

등록   1999년 5월 3일
        (제321-3210000251001999000063호)

1판 1쇄 발행 2025년 7월 1일

주소   서울특별시 서초구 남부순환로 364길 8-15 동일빌딩 2층
대표전화   02-586-0477
팩시밀리   0303-0942-0478
홈페이지   www.chungeobook.com
E-mail   ppi20@hanmail.net

ISBN   979-11-6855-356-9(03810)

이 책의 저작권은 저자와 도서출판 청어에 있습니다.
무단 전재 및 복제를 금합니다.

JFAC 제주문화예술재단   Jeju

이 책은 제주특별자치도와 제주문화예술재단의 2025년 제주문화예술재단
지원사업 후원을 받아 발간되었습니다.